Segurança Rodoviária
Ocupacional

Segurança Rodoviária Ocupacional

UM NOVO DESAFIO NA PREVENÇÃO
DO RISCO PROFISSIONAL

Alberto Silveira

SEGURANÇA RODOVIÁRIA OCUPACIONAL
AUTOR
ALBERTO SILVEIRA
EDITOR
EDIÇÕES ALMEDINA, S.A.
Rua Fernandes Tomás, nºs 76, 78, 80
3000-167 Coimbra
Tel.: 239 851 904 · Fax: 239 851 901
www.almedina.net · editora@almedina.net
DESIGN DE CAPA
FBA.
PRÉ-IMPRESSÃO
G.C. - GRÁFICA DE COIMBRA, LDA.
Palheira Assafarge, 3001-153 Coimbra
producao@graficadecoimbra.pt
IMPRESSÃO E ACABAMENTO
DPS - Digital Printing Services, Lda.
Agosto, 2011
DEPÓSITO LEGAL
332612/11

Apesar do cuidado e rigor colocados na elaboração da presente obra, devem os diplomas legais dela constantes ser sempre objecto de confirmação com as publicações oficiais.
Toda a reprodução desta obra, por fotocópia ou outro qualquer processo, sem prévia autorização escrita do Editor, é ilícita e passível de procedimento judicial contra o infractor.

 GRUPOALMEDINA

BIBLIOTECA NACIONAL DE PORTUGAL - CATALOGAÇÃO NA PUBLICAÇÃO

SILVEIRA, Alberto

Segurança rodoviária ocupacional : um novo desafio
na prevenção do risco profissional. - (Monografias)
ISBN 978-972-40-4594-8

CDU 397
     331
     656.1.08

ABREVIATURAS

AFC	Análise Factorial das Correspondências.
ANDAD	Software utilizado neste estudo e desenvolvido por Jorge Sousa e colaboradores, CVRM/IST, Versão 7.1 de 2000.
ANSR	Autoridade Nacional de Segurança Rodoviária.
BAST	Bundesanstalt fur Strabenwesen.
BG	Berufsgenossenschften.
BLS	Bureau of Labour Statistics.
BUK	Bundesverband der Unfallkassen.
CAE	Classificação Portuguesa das Actividades Económicas.
CAE	Rev. 2.1 – Classificação Portuguesa das Actividades Económicas, revista pelo D.L nº 197/2003 de 27 de Agosto.
CAT/MP	Commission des Accidents du Travail et des Maladies Professionnelles.
CDC	Centre for Disease Control and Prevention.
CFOI	Census of Fatal Occupational Injuries.
CNAMTS	Caisse Nationale de L'Assurance Maladie des Travailleurs Salariés.
CNRACL	Caisse Nationale de Retraite des Agents des Collectivités Locales.
DALY	Disability Adjusted Life Year.
DEEP	Departamento de Estudos, Estatística e Planeamento do Ministério da Segurança Social e do Trabalho.
DGEEP	Direcção Geral de Estudos, Estatística e Planeamento do Ministério do Trabalho e da Solidariedade Social.
DGUV/HVBG	Deutsche Gesetzliche Unfallversicherung Spitzenverband
DGV	Direcção Geral de Viação.
DISR	Délégation Interministérielle à la Sécurité Routière.
DOT	U.S. Department of Transportation.
DTLR	Department for Transport Local Government Regions.
DVR	Deutscher Verkehrssicherheitsrat.
EEAT	Estatísticas Europeias de Acidentes de Trabalho.
ERSO	European Road Safety Observatory.
ETSC	European Transport Safety Council.
Eurogip	Groupement d'intérêt public européenne.

Euro NCAP	European New Car Assessment Program's.
FARS	Fatality Analysis Reporting System.
FMCSA	Federal Motor Carrier Safety Administration.
FTE	Full time equivalent.
GEP	Gabinete de Estratégia e Planeamento do Ministério do Trabalho e Solidariedade Social.
HSC	Health and Safety Commission.
HSE	Health and Safety Executive.
HVBG	Hauptverband der Gwerblichen Berufsgenossenschaften.
INE	Instituto Nacional de Estatística.
INRS	Institut National de Recherche et Sécurité.
INSHT	Instituto Nacional de Seguridad e Higiene en el Trabajo.
INSIA	Instituto Universitário de Investigación del Automóvil.
INTRAS	Instituto de Investigación en Tráfico y Segur. Vial de la Univ. de Valencia.
ISP	Instituto de Seguros de Portugal.
MORR	Managing Occupational Road Risks.
MORT	Management Oversight and Risk Tree.
MSA	Mutualité Sociale Agricole.
NACE	Nomenclatura das Actividades Económicas da Comunidade Europeia.
NETS	The Network of Employers for Traffic Safety.
NHTSA	National Highway Traffic Safety Administration.
NIOSH	National Institute for Occupational Safety and Health.
OCDE	Organização para a Cooperação e Desenvolvimento Económico.
OIT	Organização Internacional do Trabalho.
OMS	Organização Mundial de Saúde.
OSHA	Occupational Safety and Health Administration.
PIB	Produto Interno Bruto.
ROSPA	Royal Society for the Prevention of Accidents.
RTA	Roads and Traffic Authority.
SSROC	Southern Sydney Regional Organisation of Councils.
TAC	Tasa Anual de Crecimiento.
TUC	Trade Union Congress.
UE	União Europeia.
VUL	Véhicule Utilitaire Léger.
WCWA	Work Cover Western Australia.
WHO	World Health Organization.
WRRSTG	Work Related Road Safety Task Group.

GLOSSÁRIO DE TERMOS

Acidente
Evento imprevisto e indesejável de que resulta a lesão, a morte, perdas de produção, danos na propriedade ou no ambiente (HSE, 1997) [13] e produz-se numa situação complexa que compreende elementos permanentes de perigo e elementos variáveis, localizados no espaço e no tempo (as condições de exposição e o evento detonador) (ROXO, Manuel, 2003) [11].

Acidentes com feridos graves
Acidente de viação, do qual resulte pelo menos um ferido grave, não tendo ocorrido qualquer morte (ANSR, 2009) [57].

Acidentes com feridos leves
Acidente de viação, do qual resulte pelo menos um ferido leve e em que não se tenham registado mortos, nem feridos graves (ANSR, 2009) [57].

Acidente com vítimas
Acidente de viação, do qual resulte pelo menos uma vítima (ANSR, 2009) [57].

Acidente de trabalho
Aquele que se verifique no local e no tempo de trabalho e produza directa ou indirectamente lesão corporal, perturbação funcional ou doença de que resulte redução na capacidade de trabalho ou de ganho ou a morte (Lei nº 98/2009, de 4 de Setembro).

Acidente de viação
Ocorrência na via pública ou que nela tenha origem, envolvendo pelo menos um veículo, do conhecimento das entidades fiscalizadoras (GNR, GNR/BT e PSP) e da qual resultem vítimas e/ou danos materiais (ANSR, 2009) [57].

Acidente de viação mortal
Acidente do qual resulte pelo menos um morto (ANSR, 2009) [57].

Acidente de trabalho mortal
Um acidente de que resulte a morte da vítima, num período de um ano, após o dia da sua ocorrência (EEAT, 2001) [58] e (GEP, 2010) [33].

Acidente rodoviário de trabalho (ocupacional)
É o acidente que ocorre numa via de circulação por colisão com um veículo que transita nessa via, quando a relação laboral da pessoa acidentada contribui necessariamente para que o acidente se possa materializar (Segurança Social dos Estados Membros da União Europeia. UE-15) [8].

Acidente rodoviário de trabalho em missão
Acidente rodoviário que ocorre no seguimento de um trabalho, quando se executam as tarefas confiadas pela empresa aos seus trabalhadores (Eurogip, 2003) [19].

Acidente rodoviário de trabalho em trajecto ou "in itinere"
Acidente rodoviário que sucede no percurso que o trabalhador realiza entre o seu domicílio e o local de trabalho e vice-versa, incluindo as pequenas deslocações provocadas pelas necessidades da vida (Eurogip, 2003) [19].

Agente material associado ao contacto – modalidade da lesão
Descreve fisicamente o objecto, a ferramenta, o agente com que o sinistrado entrou em contacto, ou a modalidade psicológica da lesão (GEP, 2010) [33].

Análise Factorial das Correspondências (AFC)
A análise factorial das correspondências, é um método factorial da Análise de Dados, integrado no domínio da Estatística Multivariada. Utiliza uma técnica essencialmente descritiva e adaptada por excelência, ao tratamento de dados contidos em quadros muldimensionais de grandes dimensões (PEREIRA, H. G. e SOUSA, A J; 1988) [59].

Avaliação de Riscos Profissionais
Processo dinâmico dirigido a estimar a magnitude do risco para a saúde e a segurança dos trabalhadores no trabalho, decorrente das circunstâncias em que o perigo pode ocorrer no local de trabalho, tendo em vista obter a informação necessária para que o empregador reúna condições para uma tomada de decisão apropriada sobre a necessidade de adoptar medidas preventivas e sobre o tipo de medidas que deve adoptar (HSE, 1993) [13].

Componentes materiais do trabalho
Os locais de trabalho, o ambiente de trabalho, as ferramentas, as máquinas, equipamentos e materiais, as substâncias e agentes químicos, físicos e biológicos e os processos de trabalho (Lei nº 102/2009, de 10 de Setembro).

Condução defensiva
Condução preventiva em que o condutor pratica uma condução responsável e cuidadosa, antecipando-se e defendendo-se dos erros dos outros condutores, das condições atmosféricas, da via e do trânsito, com o fim de evitar o acidente.

DALY (Disability Adjusted Life Year)
Representa uma unidade de medida do intervalo de tempo de saúde que combina a informação do número de anos perdidos devido a mortes prematuras, com as perdas de saúde por incapacidade (OMS, 2004) [1].

Energia cinética
Em física, a energia cinética é a quantidade de trabalho que teve que ser realizado sobre um objecto, para tirá-lo do repouso e colocá-lo a uma velocidade v. Para um objecto de massa **m**, a uma velocidade **v**, a energia cinética é calculada através da fórmula:
$E_c = ½ m v^2$

Evento detonador
O evento detonador, poderá ser, em grande parte das circunstâncias de trabalho, um factor de risco que conjugado com um factor de risco já existente, nomeadamente um factor físico determinante, faz desenvolver todo o percurso acidental até ao acidente e até ao possível dano (ROXO, Manuel; 2003) [11].

Exposição
Termo indicador, para uma ou mais pessoas permanecerem submetidas a um risco que possa influenciar negativamente, nas suas condições de segurança ou no seu estado de saúde (CABRAL, Fernando; ROXO, Manuel; SILVEIRA, Alberto; 2006) [12].

Factor de risco
Enquanto aspecto da situação de trabalho, tem a propriedade ou a capacidade de causar um dano, na medida em que um trabalhador a ele se encontra exposto (GOGUELIN, Pierre, 1996) [14].

Ferido grave
Vítima de acidente de viação, cujos danos corporais obriguem a um período de hospitalização superior a 24 horas (ANSR, 2009) [57].

Ferido leve
Vítima de acidente de viação que não seja considerada ferido grave (ANSR, 2009) [57].

Incidente
Ocorrência imprevista e indesejada com potencial para ter efeitos críticos. Os ferimentos e outros danos não chegaram a acontecer, apenas existindo potencial para os causar (HSE, 1993) [13].

Inércia
A inércia é uma propriedade física da matéria. De acordo com Isaac Newton, "Todo o corpo permanece no seu estado de repouso ou em movimento uniforme rectilíneo, a menos que seja obrigado a mudar o seu estado, por actuação de forças externas a ele. Este princípio designa-se por "Primeira Lei de Newton" ou "Principio da Inércia" e traduz-se pela seguinte equação: F = m a.

Local de trabalho
O lugar em que o trabalhador se encontra ou de onde ou para onde deva dirigir-se em virtude do seu trabalho, no qual esteja directa ou indirectamente sujeito ao controlo do empregador. (Lei nº 102/2009, de 10 de Setembro).

Morto ou vítima mortal, em acidente de viação
Vítima de acidente de viação cujo óbito ocorra no local do evento ou no seu percurso até à unidade de saúde. Para obter o número de mortos a 30 dias[1], aplica-se a este valor, um coeficiente de 1,14 (ANSR, 2009) [57].

Perigo
Propriedade intrínseca de uma instalação, actividade, equipamento, um agente ou outro componente material do trabalho com potencial para provocar dano (Lei nº 102/2009, de 10 de Setembro).

Perigo grave e iminente
Propriedade intrínseca de um componente do trabalho ou uma situação que lhe seja inerente, com capacidade de causar lesões ou danos para a saúde das pessoas, de magnitude considerável e elevada possibilidade de se verificar, se forem reunidas condições de exposição (HSE, 1993) [16].

Posto de trabalho
Entende-se por posto de trabalho o sistema constituído por um conjunto de recursos (humanos, físicos, tecnológicos e organizacionais) que, no seio de uma organização do trabalho, visa a realização de uma tarefa ou actividade (CABRAL, Fernando; ROXO, Manuel; 2008) [17].

Prevenção
O conjunto de políticas e programas públicos, bem como disposições ou medidas tomadas ou previstas no licenciamento e em todas as fases de actividade da empresa, do estabelecimento ou do serviço que visem eliminar ou diminuir os

---

[1] Definição Internacional (Convenção de Viena).

riscos profissionais a que estão potencialmente expostos os trabalhadores (Lei nº 102/2009, de 10 de Setembro).

Princípios gerais de prevenção
Hierarquia de princípios que circunscreve o quadro das opções e acções preventivas, segundo o qual se presume ser atingida a obrigação de resultado do empregador, na sua responsabilidade intransferível de assegurar a segurança e a saúde dos trabalhadores em todos os aspectos relacionados com o trabalho (CABRAL, Fernando; ROXO, Manuel; 2008) [17].

Risco
A probabilidade de concretização do dano em função das condições de utilização, exposição ou interacção do componente material do trabalho que apresente perigo (Lei nº 102/2009, de 10 de Setembro).

Risco Profissional
Uma combinação de probabilidade da ocorrência de um fenómeno perigoso no trabalho, com a gravidade das lesões ou danos para a saúde que tal fenómeno possa causar (HSE, 1993) [13].

Risco Rodoviário Ocupacional
Do ponto de vista científico e técnico, o risco rodoviário ocupacional ou o risco rodoviário de trabalho, é o risco pessoal de sofrer um acidente numa via de circulação, por choque ou colisão, quando a relação laboral da pessoa exposta ao risco contribui necessariamente para que este se possa materializar (MONDELO, Pedro; 2006) [8].

Segurança activa
Conjunto de dispositivos e funções que evitam o acidente. Exemplos de sistemas de segurança de condução activos: programa electrónico de estabilidade ESP, sistema anti-bloqueio ABS, sistema de controlo de tracção ASR, etc.

Segurança do Trabalho
Compreende o conjunto de metodologias adequadas à prevenção de acidentes de trabalho, tendo como principal campo de acção, o reconhecimento e o controlo dos riscos associados aos componentes materiais do trabalho (CABRAL, Fernando; ROXO, Manuel; 2008) [17].

Segurança passiva
Conjunto de dispositivos e funções que minimizam as consequências de um acidente. Exemplos de sistemas de segurança de condução passivos: airbags frontais e laterais, barras protectoras nas portas, carroçaria com estrutura de deformação programada, cintos de segurança, pré-tensores dos cintos de segurança, etc.

Segurança Rodoviária Ocupacional
Compreende o conjunto de metodologias adequadas à prevenção de acidentes rodoviários de trabalho, tendo como campo de acção o reconhecimento e o controlo dos riscos associados ao sistema de transportes rodoviários (MONDELO, Pedro; 2006) [8].

Sistema de transportes rodoviários
É o sistema que garante as condições de acessibilidade de pessoas e bens e, consequentemente, as condições de mobilidade territorial rodoviária e de geração de fluxos rodoviários. O sistema de transportes rodoviários compreende o conjunto de infra-estruturas rodoviárias, modos de transporte rodoviários, operadores e utentes. (MONDELO, Pedro; 2006) [8].

Tempo de trabalho além do período normal de trabalho
O que precede o seu início, em actos de preparação ou com ele relacionados, e o que se lhe segue, em actos também com ele relacionados, e ainda as interrupções normais ou forçosas de trabalho (Lei nº 98/2009, de 4 de Setembro).

Tipo de local
Ambiente geral, lugar ou local de trabalho onde se produziu o acidente. Descreve o ambiente geográfico em que a pessoa se encontrava a trabalhar, por onde passava, ou onde estava simplesmente presente (por razões de trabalho) no momento do acidente (GEP, 2010) [33].

1.
Preâmbulo

A presente publicação resulta e baseia-se numa tese de mestrado em Engenharia de Segurança e Higiene Ocupacionais, finalizada em 2008 na Faculdade de Engenharia da Universidade do Porto e subordinada ao tema «Análise de acidentes rodoviários em trabalho – Perspectivas de integração na Gestão do Risco Profissional». O principal objectivo da tese foi a possibilidade de contribuir, com os resultados finais, para o impulso necessário à investigação e ao desenvolvimento em matéria de sinistralidade rodoviária de trabalho e a sua prevenção, em Portugal, ajudando a encontrar meios para alertar consciências sobre o problema da segurança rodoviária de trabalho. Esta é uma "guerra" que só será ganha, vencendo todas as batalhas. A sensibilização do mundo do trabalho para o problema global da sinistralidade rodoviária poderá ser uma batalha ganha, porque toca o trabalhador e o empregador, mas também toca o cidadão comum. Resta a esperança de se conseguir um desenvolvimento rápido, capaz de conduzir a uma verdadeira "cultura de segurança rodoviária" e, simultaneamente, a uma "cultura de segurança e desenvolvimento do trabalho".

Com a presente publicação pretende-se manter o objectivo essencial geral do estudo efectuado na referida tese, e nomeadamente que represente uma «primeira pedra» na construção de um edifício de conhecimento sobre o Risco Rodoviário Ocupacional, quase inexistente em Portugal; pretende-se ainda, que reflicta a importância da Segurança e Saúde do Trabalho, nos mais diversos universos do Estar e do Ser do Homem, na sociedade actual, nomeadamente o da responsabilidade social. Citando António Bagão Félix (2003)[1]: «*A responsabilidade social de qualquer comunidade, designadamente de natureza produtiva ou económica, passa, pois, por esta múltipla obrigação de ajudar a apetrechar o profissional,*

---

[1] Público (2003); *TRABALHOWORK*. Centro de Artes Visuais.

valorizar civicamente o cidadão, formar mais integralmente a pessoa e ajudar a emergir novos talentos e novos líderes profissionais. Tudo isto só pode e deve ser feito com valores e códigos de conduta que dêem alma, substância, espírito de corpo e cultura às organizações. Valores e códigos de conduta que exprimam a ideia e a prática de cidadania empresarial, isto é, de a empresa ser sujeito de direitos e de deveres na comunidade em que se insere. E que, deste modo, se superem as carências de um enfoque excessivamente mercantilista e desumanizado que, por vezes, se apresenta como dominante».

A marginalização que é dada ao tema, em matéria de dados estatísticos, particularmente em Portugal, esconde um problema de dimensões desconhecidas em matéria de sinistralidade laboral, que importa conhecer e revelar. Essa marginalização é demonstrada pela inexistência de informação estatística sobre a sinistralidade rodoviária ocupacional em Portugal e pela dificuldade de acesso a bases de dados específicas, que possibilitem a sua análise e investigação.

Os acidentes rodoviários de trabalho acabam por ser, face aos dados existentes e disponíveis a nível global, um assunto prioritário, tanto do ponto de vista laboral, como do ponto de vista rodoviário; importa, assim, demonstrar que esta dualidade deve ser aproveitada no reforço da prevenção, tanto dos acidentes de trabalho como dos acidentes rodoviários em geral. Urge utilizar as sinergias existentes entre a Segurança e Saúde do Trabalho e a Segurança Rodoviária, para se encetar um combate mais inteligente e eficaz a determinadas formas da sinistralidade rodoviária.

Para a concretização do objectivo geral da tese, definiram-se três objectivos específicos, a saber:

1. Conhecer e revelar a dimensão da sinistralidade rodoviária, sob o ponto de vista da sinistralidade laboral, através da utilização de conceitos e seu âmbito de aplicação, no sentido do seu entendimento e da sua prevenção.
2. Conhecer e comparar as melhores práticas de vários países, instituições e empresas, sobre o tratamento dos acidentes rodoviários e da segurança rodoviária ocupacional, nas políticas de prevenção dos riscos laborais.
3. Encontrar relações entre as variáveis de diferentes naturezas, utilizadas no registo dos acidentes rodoviários de trabalho, que provem a ligação estreita entre a Segurança e Saúde do Trabalho e a Segurança Rodoviária, motivando mais tarde a investigação ao nível de uma possível causalidade dos acidentes rodoviários de trabalho.

Sendo assim, esta publicação seguiu de perto o esquema estrutural presente na tese, numa lógica que vai desde a introdução do tema (Introdução), passando pela interpretação dos acidentes rodoviários como acidentes de trabalho, através da utilização dos conceitos legais (Os acidentes rodoviários no âmbito do trabalho) e pela exaustiva revisão bibliográfica global sobre a sinistralidade rodoviária ocupacional, nomeadamente a partir de algumas bases de dados estatísticos sobre a sinistralidade rodoviária ocupacional, de diversos países da União Europeia, dos Estados-Unidos e da Austrália, bem como de estudos de instituições especializadas na prevenção dos riscos laborais e na Segurança Rodoviária Ocupacional (Estado de arte da Segurança Rodoviária Ocupacional). No ponto seguinte, faz-se uma exposição resumida sobre a análise de acidentes rodoviários de trabalho a partir de uma base de dados sobre acidentes rodoviários de trabalho, de uma Companhia de Seguros de referência em Portugal, corpo central da tese. Este ponto divide-se em duas partes distintas; uma primeira parte, onde é exemplificada, de forma sucinta, a metodologia utilizada para o tratamento e análise dos dados, e uma segunda parte onde são expostos os resultados mais relevantes, validados na análise de dados efectuada.

Não constituiu objectivo desta publicação, a preconização dos elementos causais dos acidentes rodoviários ocupacionais, nem tão pouco transpor para a dimensão nacional os resultados encontrados. No entanto, foram avançadas, mesmo que de forma teórica e académica, algumas das possíveis causas para os valores encontrados, tendo em atenção os diversos factores de risco relacionados com o acto de trabalho que também é o acto de conduzir ou de se deslocar através do sistema rodoviário.

No âmbito da presente publicação, será utilizado o termo «acidente rodoviário ocupacional» como sendo o acidente rodoviário (de viação) em trabalho e de acordo com a definição aceite, do ponto de vista administrativo ao nível da Segurança Social dos Estados-Membros da União Europeia (UE-15). Nesta definição, o acidente rodoviário ocupacional ou em trabalho, é o acidente que ocorre numa via de circulação, por colisão com um veículo que transita nessa via, quando a relação laboral da pessoa acidentada contribui necessariamente para que o acidente se possa materializar. Nesta definição incluem-se os acidentes rodoviários em trajecto e os acidentes rodoviários em missão.

2.
INTRODUÇÃO

A sinistralidade rodoviária continua a ser, a nível global, um dos maiores flagelos do nosso tempo. Estima-se que, em cada ano, morrem cerca de 1,2 milhões de pessoas e que, de 20 a 50 milhões, sofram traumatismos não mortais, devido a acidentes na via pública, em todo o mundo [1] e [2].

De acordo com a Organização Mundial de Saúde (OMS), embora as taxas de sinistralidade rodoviária nos países de alto rendimento tenham estabilizado ou até diminuído nas últimas décadas, os dados indicam que, na maioria dos países a sinistralidade rodoviária tem aumentado. Os países de rendimentos baixos e médios possuem as taxas mais elevadas de mortalidade por acidentes de trânsito. Mais de 90% das vítimas mortais de acidentes de trânsito que ocorrem no mundo, situam-se em países de rendimentos baixos e médios [2].

O relatório sobre a situação mundial da segurança rodoviária, publicado pela OMS em 2009, prevê que, se não forem encetadas acções imediatas de prevenção, em todo o mundo, as mortes causadas pelos acidentes rodoviários vão aumentar, tornando-se, em 2030, a quinta causa de mortalidade no mundo, resultando em cerca de 2,4 milhões de mortes (quadro 1).

A dimensão da sinistralidade rodoviária é preocupante, pelo impacto que causa aos vários níveis, nomeadamente a nível social e a nível económico, mas também porque os seus números reflectem a nossa fragilidade face ao risco, no quotidiano da sociedade moderna, enquanto condutores, enquanto passageiros, enquanto peões, enquanto trabalhadores, enquanto seres que necessitam da mobilidade através dos meios rodoviários, para viver.

QUADRO 1 – Principais causas de mortalidade. Dados comparados de 2004 e 2030.

\multicolumn{3}{c	}{2004}	\multicolumn{3}{c}{2030}
Nº	CAUSAS PRINCIPAIS	%	Nº	CAUSAS PRINCIPAIS	%
1	Doença isquêmica do coração	12,2	1	Doença isquêmica do coração	12,2
2	Doença cerebrovascular	9,7	2	Doença cerebrovascular	9,7
3	Infecções das vias respiratórias inferiores	7	3	Doença pulmonar obstrutiva crónica	7
4	Doença pulmonar obstrutiva crónica	5,1	4	Infecções das vias respiratórias inferiores	5,1
5	Doenças diarreicas	3,6	5	Traumatismos por acidentes de trânsito	3,6
6	VIH/SIDA	3,5	6	Cancro de traqueia, brônquio e pulmão	3,5
7	Tuberculose	2,5	7	Diabetes mellitus	2,5
8	Cancro de traqueia, brônquio e pulmão	2,3	8	Cardiopatia hipertensiva	2,3
9	Traumatismos por acidentes de trânsito	2,2	9	Cancro do estômago	2,2
10	Prematuridade e baixo peso à nascença	2	10	VIH/SIDA	2

Fonte: Adaptado de OMS [2].

As lesões causadas pelos acidentes rodoviários constituem um importante problema de saúde pública global, mas também um problema que tem sido negligenciado, cuja prevenção eficaz e sustentável exige esforços concertados. Para além das mortes causadas pelos acidentes rodoviários, o impacto, a longo prazo, das lesões causadas pelos acidentes, são outro dos grandes problemas inerentes à sinistralidade rodoviária. Embora os acidentes aconteçam em fracções de segundo, as suas consequências podem prolongar-se por dias, meses, anos ou até uma vida. As taxas de mortalidade são bem conhecidas em diversos países, ao contrário das estatísticas sobre os sobreviventes com lesões, quer sejam as lesões leves, quer sejam as lesões que causam incapacidade permanente. Um grande número de utilizadores da estrada, envolvidos em acidentes rodoviários, recuperam das suas lesões, mas alguns deles nunca recuperam totalmente, sofrendo então de alguma incapacidade permanente.

Embora seja reconhecido que os casos de mortalidade em acidentes rodoviários têm tendência para diminuir, essencialmente devido ao progresso médico, à melhoria na assistência pós acidente, à melhoria das infra-estruturas rodoviárias e da segurança passiva e activa dos veículos nos nossos dias, isto pode implicar, na maioria das situações, que alguns indivíduos que poderiam ter falecido em acidentes, sobrevivam, embora com permanentes diminuições físicas. É sabido, por exemplo, que o número de pessoas que sobrevivem, mas com lesões na espinal-medula, está a crescer. É também muito provável que o número de pessoas que vivem com diminuição física permanente resultante de acidentes rodoviários, esteja a crescer [3].

Para além das muitas mortes ou da redução da qualidade de vida, os acidentes rodoviários podem trazer consigo muitas outras consequências para os sobreviventes, tais como as implicações legais e as perdas económicas, para além das consequências psicológicas como as doenças causadas por stress pós traumático.

De todos os sistemas com que as pessoas têm que se confrontar no dia-a-dia, os sistemas de transporte são os mais complexos e perigosos. Apesar do crescente número de traumatismos causados pelo trânsito, a segurança rodoviária não recebeu ainda a atenção suficiente no plano internacional global nem no plano nacional, nos vários países do globo. As razões são a falta de consciencialização geral e a falta de informação específica sobre a magnitude do problema, nomeadamente ao nível dos custos sanitários, sociais e económicos causados pelos acidentes, bem como as intervenções que os podem impedir ou reduzir os danos que ocasionam [1].

"Os sistemas de transportes terrestres passaram a ser um dos aspectos decisivos da modernidade. Com o desenvolvimento das comunicações e do transporte de pessoas e mercadorias, revolucionaram-se as relações económicas e sociais contemporâneas. No entanto, a adopção de novas tecnologias tem os seus custos: a poluição ambiental, o stress urbano e a deterioração da qualidade do ar estão directamente relacionados com os sistemas modernos de transporte terrestre. Este tipo de transporte associa-se cada vez mais ao aumento dos acidentes de trânsito e mortalidade prematura, assim como da incapacidade física e psicológica. As perdas não se limitam à redução de produtividade dos trabalhadores nem aos traumatismos que afectam as vidas privadas das vítimas. O aumento dos custos para os serviços de saúde e da carga para as finanças públicas também são importantes" (Lula da Silva, Luís)[2].

Em termos económicos e de acordo com a OMS, referindo os dados de Jacobs, Aeron-Thomas e Astrop[3,] no relatório mundial sobre prevenção das lesões causadas pelos acidentes rodoviários de 2004, o custo das lesões causadas pelos acidentes rodoviários ascende a cerca de 1% do Produto Interno Bruto (PIB) nos países de rendimento baixo, a cerca de 1,5% do PIB nos países de rendimento médio e a cerca de 2% do PIB nos países de rendimento alto [1]. De acordo com o European Transport Safety Council (ETSC), o custo estimado pelas mortes e lesões por acidente rodoviário, em todos os estados

---

[2] Luís Inácio Lula da Silva – Presidente da República Federativa do Brasil, Prefácio do World Traffic Injury Prevention (2004), WHO [1].
[3] Jacobs G, Aeron-Thomas A, Astrop A. (2000). *Estimating global road fatalities*. Crowthorn, Transport Research Laboratory. TRL Report, nº 445 [7].

da União Europeia, chega aos 180 biliões de euros, duas vezes o orçamento anual para as suas actividades e cerca de 2% do PIB da União Europeia [4]. Esses elevados custos podem ser explicados, em parte, pela baixa idade de uma larga proporção das vítimas, que amplifica o dano económico em termos de perdas de produtividade e de ganhos. Esta estimativa económica apresenta uma larga margem de incerteza e é baseada numa assumida simplificação [5]. Por exemplo, as estimativas são bastante afectadas pela disponibilidade e qualidade dos dados relativos a mortes e lesões. Contudo, estas são frequentemente mal registadas e comunicadas, sendo que a polícia, hospitais e companhias de seguros podem diferir na forma como registam as lesões. As avaliações económicas também são afectadas pelos métodos usados e, ao nível dos países, pelos factores de ajustamento de custos.

Apesar dos elevados custos sociais e económicos, investe-se muito pouco na investigação e desenvolvimento da segurança rodoviária, comparativamente com outros tipos de doenças que afectam severamente a saúde (quadro 2).

QUADRO 2 – Estimativa global de investimentos em investigação e desenvolvimento, por temas seleccionados.

Doença ou lesão	US$ millions	1990 DALY's ranking	2020 DALY's ranking
HIV/AIDS	919-985	2	10
Malária	60	8	-
Doenças diarreicas	32	4	9
Acidentes de viação	24-33	9	3
Tuberculose	19-33	-	7
DALY's: Incapacidade em anos de vida ajustados[5]			

Fonte: Adaptado de OMS [1].

Um dos trabalhos mais interessantes sobre o valor monetário que é oficialmente atribuído a um acidente rodoviário mortal, em vários países do mundo, referido pelo ETSC no relatório publicado em 2007, com o título "*Social and Economic Consequences of Road Traffic Injury in Europe*", baseado numa revisão atribuída a Saelensminde em 2001 e Blaeij e outros em 2004, revela que as

---

[4] DALY's - Representa uma unidade de medida do intervalo de tempo de saúde que combina a informação do número de anos perdidos devido a mortes prematuras, com as perdas de saúde por incapacidade (OMS, 2004) [1].

avaliações variam substancialmente de país para país. No entanto, o padrão que permite comparar os vários valores atribuídos, indica que os países com um bom registo de segurança rodoviária, tal como a Noruega, a Inglaterra, a Suécia e a Holanda, imputam um valor monetário elevado à prevenção das mortes por acidente rodoviário. Alguns países com um baixo registo em segurança rodoviária, como Portugal, Espanha e Grécia, imputam um baixo valor monetário à prevenção das mortes por acidente rodoviário (figura 1).

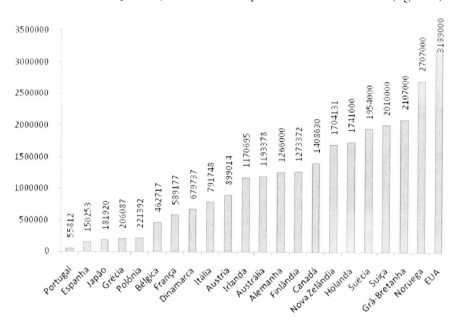

FIGURA 1 – Gráfico da avaliação monetária oficial da morte por acidente rodoviário, em alguns países (Valor em Euros – 2002). Fonte: ETSC [3].

Outra razão para o problema dos acidentes rodoviários é que estes não "pertencem" a nenhum organismo específico, nem no plano nacional nem à escala internacional. Pelo contrário, a responsabilidade sobre os diversos aspectos do problema (incluindo o desenho de veículos, o traçado das vias públicas e das redes rodoviárias e o cuidado e tratamento das vítimas dos acidentes) está repartida entre muitos sectores e grupos diferentes. Normalmente não existe uma entidade responsável pela coordenação destas actividades e que se ocupe do problema, no seu conjunto. Neste contexto, não é de estranhar que, frequentemente, falte a vontade política para formular e aplicar políticas e programas eficazes de segurança rodoviária [1].

Sendo um problema multifacetado, de causas variáveis e complexas, torna-se imprescindível e prioritária uma nova forma de ver a segurança rodoviária nas mais variadas vertentes, a nível global e a nível nacional, em todos os países do planeta. Se as sociedades se recusarem a aceitar que as pessoas morram ou que tenham sérios danos provocados pelos acidentes rodoviários, então elas estarão preparadas para construir um sistema que minimize as falhas humanas e os erros de julgamento e, para aqueles que ocorrem, direccionar os recursos apropriados no sentido da sua prevenção. Deste modo, a segurança pode ser realizada num objectivo prioritário, idêntico para todos, no desempenho dos sistemas de transporte [5].

De notar que as lesões causadas pelos acidentes rodoviários são um problema de saúde pública de magnitude considerável e de intervenção preventiva prioritária, não sendo apenas um mero derivado da mobilidade dos veículos. O enfoque de saúde pública para a prevenção das lesões causadas pelos acidentes rodoviários, baseia-se em provas científicas. Recorre aos conhecimentos de Medicina, Biomecânica, Epidemiologia, Sociologia, Ciências do Comportamento, Criminologia, Educação, Economia, Engenharia e de outras disciplinas [1].

A prevenção assume, no contexto da sinistralidade rodoviária, um papel prioritário de extrema importância. O termo "acidente" compreende, em si, uma conotação negativa de inevitabilidade e de imprevisível, ou seja, algo impossível de controlar. No entanto, os acidentes rodoviários devem ser analisados de forma racional, retirando deles o máximo possível para que se possa introduzir o conhecimento sobre as suas causas e consequências, no sentido da prevenção.

E a segurança rodoviária de trabalho? Como é encarada, a nível global? De que forma os acidentes rodoviários de trabalho são objecto de reflexão pelas sociedades, nos seus sistemas de prevenção rodoviária? Estará a sinistralidade rodoviária de trabalho[5] a ser alvo de intervenção, no sentido da prevenção, nomeadamente nos sistemas públicos e nos sistemas privados de segurança e saúde do trabalho e de segurança rodoviária? Ou será que este não é um problema visível na sociedade moderna?

---

[5] A expressão acidente rodoviário de trabalho possui diferentes definições e é usada de diferentes modos, tornando muito difíceis as comparações a nível internacional, nomeadamente ao nível das estatísticas. No entanto e independentemente das definições que possam surgir ao longo desta publicação (referindo, em todos os casos, as suas origens) adoptou-se, neste contexto, a definição aceite do ponto de vista administrativo ao nível da Segurança Social dos Estados Membros da União Europeia (UE-15), com excepção da Holanda. Acidente rodoviário de trabalho é o acidente que ocorre numa via de circulação por colisão com um veículo que transita nessa via, quando a relação laboral da pessoa acidentada contribui necessariamente para que o acidente se possa materializar.

INTRODUÇÃO

De acordo com o Observatório Europeu para a Segurança Rodoviária (ERSO), os acidentes rodoviários de trabalho envolvendo viaturas motorizadas são, frequentemente, a principal causa de morte e o maior factor contributivo para a perda de vida nos locais de trabalho, nos países industrializados. Nos Estados Unidos, na Austrália e nos países da União Europeia em geral, estima-se que os acidentes rodoviários de trabalho, envolvendo veículos motorizados, correspondam de um quarto até um terço, no mínimo, de todas as mortes registadas em trabalho [1]. De acordo com o Eurogip[6], estima-se que na Europa, seis de entre dez acidentes de trabalho mortais, são acidentes de trânsito, incluindo acidentes de missão e acidentes de trajecto.

As estatísticas existentes, que vão ser apresentadas nesta publicação, constituem um exemplo dos poucos dados existentes sobre a sinistralidade rodoviária de trabalho, no mundo. Esses dados, apesar de surgirem agregados, como resultado da integração deste tipo de sinistralidade no tratamento estatístico da sinistralidade laboral profissional em alguns países, por um lado e, por outro, porque são fruto dos trabalhos de investigação na área da sinistralidade rodoviária, realizados por várias instituições a nível mundial, mostram a imagem de um grande problema provocando, sem dúvida, uma grande preocupação. O fenómeno da sinistralidade rodoviária de trabalho é um fenómeno escondido e, talvez até, marginalizado, face à sua importância nos dois contextos: segurança rodoviária e segurança e saúde do trabalho.

Os acidentes rodoviários de trabalho acabam por ser, face aos dados existentes e disponíveis, um assunto prioritário, tanto do ponto de vista da prevenção da sinistralidade laboral, como do ponto de vista da prevenção da sinistralidade rodoviária; existe, assim, uma dualidade, quer pela importância quantitativa que têm face ao total dos acidentes rodoviários, na generalidade, quer pela importância qualitativa dos acidentes rodoviários mortais de trabalho, na sinistralidade laboral mortal.

Alguns países começam agora a conhecer a dimensão e o custo do problema, bem como a necessidade de uma intervenção sistemática e inteligente. No entanto, são várias as barreiras que impedem um trabalho efectivo; de entre elas, podem destacar-se: a limitada recolha de dados básicos, como por exemplo os dados sobre o *"objectivo da viagem"*; a natureza dos procedimentos operacionais e das estruturas; a falta de comprometimento da gestão superior das empresas na Segurança Rodoviária Ocupacional dos seus trabalhadores; a fraca integração entre a Segurança Rodoviária e a Segurança e Saúde Ocupacionais; a excessiva confiança nos procedimentos de *"permissão de condução"*;

---

[6] EUROGIP é uma organização criada em 1991 pelo ramo "acidentes de trabalho-doenças profissionais" (AT-MP), da Segurança Social francesa. As suas actividades são focadas em aspectos europeus do seguro e da prevenção das AT-MP.

a inadequada investigação dos acidentes rodoviários; a falta de definições harmonizadas e convenções sobre a matéria; uma resposta preferencialmente reactiva, face a uma resposta proactiva à prevenção; atitudes inflexíveis face à mudança e a fraca gestão [6].

No âmbito da União Europeia, existem vários trabalhos de investigação em determinadas áreas específicas, relacionadas com a segurança rodoviária em transporte, como por exemplo estudos sobre a fadiga nas operações com veículos pesados, etc. No entanto, a investigação da segurança rodoviária de trabalho, como um todo, é muito limitada, bem como a sua divulgação. No entanto, alguns bons exemplos apresentam-se como excepção a esta regra. O ETSC lançou em 2009 o programa PRAISE (Preventing Road Accidents and Injuries for the Safety of Employees), um projecto com a duração de 3 anos, no sentido de abordar todos os aspectos de segurança na condução "no trabalho" e "na condução propriamente dita", para trabalhar. O objectivo principal deste programa está centrado na divulgação das melhores práticas, a fim de ajudar os empregadores a garantir elevados padrões de segurança rodoviária para os seus trabalhadores. Este programa, com duração limitada até ao ano de 2012 e co-financiado pela Comissão Europeia, revelou-se como o único programa de abordagem global, na Europa, para o tema da Segurança Rodoviária Ocupacional, até ao momento.

Conduzir é, portanto, em numerosas circunstâncias, um acto de trabalho, não somente na actividade profissional em si (como transporte pesado e ligeiro de mercadorias, transporte de passageiros, etc.), mas também nas mais diversas profissões em que a actividade de condução não é o centro da actividade profissional, mas sim um importante complemento. Conclui-se que a condução de um veículo na estrada é, em numerosas situações, um risco profissional, sendo que esse risco deverá ser avaliado e integrado na política de prevenção de riscos profissionais das empresas, tal como os demais riscos inerentes à actividade global dessas empresas. O seu tratamento, nomeadamente nos métodos de avaliação de riscos e no seu controle, deve merecer uma atenção especial.

3.
Os acidentes rodoviários no âmbito do trabalho

"Conduire, ces´t travailler"[7], foi o lema de uma campanha de sensibilização para a sinistralidade rodoviária de trabalho, promovida em França no ano de 2005 pela Mutualité Sociale Agricole (MSA), instituição ligada ao Ministério da Agricultura Francês com competências no âmbito da colocação em prática da política social agrícola francesa. Esta campanha pretendia sensibilizar todos os trabalhadores de todos os sectores de actividade para o problema da sinistralidade rodoviária ocupacional em França, através da apresentação de indicadores estatísticos ligados à sinistralidade rodoviária de trabalho, nomeadamente indicadores sobre os custos directos e os custos indirectos decorrentes deste tipo de sinistralidade, bem como dos seus factores de gravidade.

A condução na estrada no quadro do trabalho, independentemente de se tratar da condução profissional de transportes ou da condução em missão de trabalho, deve ser encarada como uma actividade de trabalho em que o risco está presente, com uma dimensão bastante superior à de outros riscos profissionais. Sendo assim, a afirmação "conduzir é também trabalhar, logo os riscos na estrada convertem-se em riscos profissionais", faz todo o sentido, embora o impacto da sua percepção não surja no imediato. Merece destaque nesta percepção da condução como acto de trabalho, a condução ou deslocação em missão e a condução ou deslocação em trajecto.

Estes tipos de deslocação, no contexto do risco profissional, não são encarados como prioritários, no sentido da actuação ao nível da sua prevenção. Este acto de trabalho pode não ser apercebido como tal, por parte do trabalhador e por parte do empregador que, nesta como noutras situações

---

[7] MSA – Mutualité Sociale Agricole – Caisse Centrale (2005). Conduire ces't travailler – Avant de prendre le volant je m'organise.

de actos de trabalho bem definidos, será sempre responsável pela segurança e saúde dos seus trabalhadores.

Só muito recentemente é que o fenómeno da sinistralidade rodoviária de trabalho começou a ser investigado, no sentido de se trazer ao conhecimento global os valores presentes neste fenómeno, tanto ao nível da sinistralidade em si (mortos, incapacidades físicas, dias perdidos, causas) e seus factores de interacção, como ao nível dos seus custos. Trata-se de um fenómeno pouco investigado a nível global, o que por si só, contribui para agravar a tendência da falta de informação geral sobre o problema e para a ausência de acções no sentido de se prevenir este tipo de sinistralidade, tanto ao nível global no contexto da segurança rodoviária, como ao nível específico no contexto da segurança do trabalho. Sendo assim, a consciencialização da sociedade para o problema da sinistralidade rodoviária de trabalho, é afectada pela insuficiente informação fornecida pelos Estados e pelas organizações ligadas à Segurança e Saúde do Trabalho e à Segurança Rodoviária.

O alerta para o verdadeiro problema de saúde pública que é a sinistralidade rodoviária, feito pela OMS, no seu relatório de 2004 sobre a prevenção das lesões devidas aos acidentes rodoviários, talvez tenha sido o passo decisivo para se integrar nas acções globais de segurança rodoviária, as acções promocionais e de informação da prevenção dos acidentes rodoviários de trabalho e do problema da sua dualidade face aos acidentes rodoviários no geral.

As investigações até agora realizadas no sentido de se apurar qual a dimensão do problema e quais os factos que contribuem para o desenvolvimento da prevenção da sinistralidade rodoviária de trabalho e a sua divulgação e informação, são ainda trabalhos pioneiros neste campo e constituem verdadeiras "obras de arte" para os prevencionistas do trabalho. Os indicadores fornecidos por estes trabalhos revelam claramente a tendência para a necessidade de se trabalhar de forma integrada, com os vectores Segurança Rodoviária e de Segurança e Saúde do Trabalho, dada a importância quantitativa dos acidentes rodoviários de trabalho, face ao total de acidentes rodoviários, bem como a importância qualitativa dos acidentes rodoviários mortais, sobre os acidentes de trabalho mortais [8].

No entanto, as considerações que se podem fazer sobre os acidentes rodoviários de trabalho necessitam obrigatoriamente de se enquadrar em determinados campos, nomeadamente no campo das definições legais e no campo das definições técnicas e científicas, traçando desta forma um âmbito de aplicação objectivo e claro, sem margem para que possam existir dúvidas quanto ao alcance deste fenómeno, no âmbito da sociedade moderna, no trabalho.

Os acidentes rodoviários de trabalho podem ser definidos como todos aqueles que ocorrem no local de trabalho, e/ou durante a jornada de trabalho. Alguns países não consideram nesta tipologia de conceito, os acidentes em trajecto. Esta diferente percepção das definições existentes de acidente rodoviário de trabalho conduz a uma enorme dificuldade quando se pretende fazer simples comparações estatísticas do problema, a nível global.

Este preocupante fenómeno que é a sinistralidade rodoviária de trabalho, não apareceu e não cresceu de forma espontânea. Subjacente às causas da sua existência e do seu crescimento, está o desenvolvimento da sociedade moderna e das novas formas de trabalho, associadas a uma displicência inequívoca relativamente às condições de trabalho, fruto da globalidade e do mercado global. Esquecemos, em parte, o que é mais importante para o ser humano: a vida e a sua sustentabilidade. A ausência de reflexão sobre o assunto mostra que se menospreza uma situação, que não é nova, pelo simples gesto automático de conduzir. Ao entrar num veículo faz-se um julgamento menor, pois apenas necessitamos da permissão para conduzir. Mas conduzir no seio de uma actividade profissional levanta outras necessidades, face a novos riscos que, em certa medida, se desconhecem, ou até se conhecem, mas noutro ambiente. Automatiza-se gestos de condução e relega-se para segundo plano o acto de trabalho que se está a executar.

Daí até ao nascimento de um novo risco profissional, foi um passo; surge, assim, o Risco Rodoviário Ocupacional.

3.1. Definições e Âmbito da Sua Aplicação

A interpretação dos conceitos relacionados com a sinistralidade rodoviária de trabalho, merecem um cuidado muito especial nesta publicação, para que o âmbito deste problema seja bem delineado e não constitua constrangimento na sua acepção, proporcionando a informação necessária para o seu entendimento de uma forma geral.

O fenómeno da sinistralidade rodoviária de trabalho deve ser encarado, por um lado sob a perspectiva da Segurança e Saúde do Trabalho e por outro lado sob a perspectiva da Segurança Rodoviária e não sob qualquer outra perspectiva. Esta deve ser a fronteira mais vincada, no âmbito do tratamento deste problema. Sendo assim, a revisão dos conceitos relacionados com a sinistralidade laboral torna-se imprescindível, constituindo a matéria de base para a consolidação dos restantes conceitos. A aplicação destes conceitos no contexto específico da sinistralidade rodoviária torna claro, para qualquer pessoa, este fenómeno da sinistralidade rodoviária de trabalho, podendo constituir um meio precioso de sensibilização e de informação sobre o problema. Além disso, é muito importante fazer-se a conjugação dos vários conceitos, para mais facilmente se compreender o próprio conceito de acidente rodoviário de trabalho.

No entanto, a utilização da rede viária em trabalho é simultaneamente compreendida como uma questão de Segurança Rodoviária e de Segurança e Saúde do Trabalho, dentro da estrutura legal internacional e nacional sobre Segurança Rodoviária e sobre Segurança e Saúde do Trabalho. Esta dualidade pode trazer alguma ambiguidade, sobretudo na hora de interpretar os conceitos na sua utilização prática. O risco de acidente rodoviário está presente na estrada, mas poderá constituir, em variadíssimas situações, um risco profissional. Isto significa que, quando existe um acidente de trabalho na estrada, esse acidente acontece num espaço público exterior à empresa ou ao local onde o trabalhador desempenha a sua actividade central. Se excluirmos os condutores profissionais, essa situação pode tornar-se difícil de interpretar como um acidente de trabalho. Como não existe uma precisão legal, a nível global, no âmbito da legislação social sobre condições de trabalho, nomeadamente sobre Segurança e Saúde do Trabalho, relativamente ao acidente de trabalho na estrada, fica apenas o acervo legal dos Códigos de Estrada como referenciais legais que podem esclarecer, em matéria de acidente e de responsabilidades, mas esses documentos são claramente insuficientes, neste domínio. Daí a necessidade de se recorrer a determinadas regras sociais. Na maior parte dos países em que o quadro da sinistralidade laboral é prioritário, nomeadamente nos países da União Europeia, os parceiros sociais demonstraram a necessidade de enquadrar este fenómeno, também no âmbito das referências legais harmonizadas, nomeadamente no quadro da Directiva 89/391/CEE, de 12 de Junho[8], através da produção de códigos de boas práticas sociais para a utilização dos veículos, no trabalho. Sendo assim, impõe-se uma dupla obrigação a todos os intervenientes, o que se revela como uma situação excepcional, no quadro do trabalho.

Tomemos então o exemplo europeu. A primeira obrigação que pesa sobre o trabalhador durante o acto de condução, é uma obrigação de ordem pública, já que neste quadro ele é reconhecido como um condutor, se possuir permissão para a condução (carta de condução[9]), devendo por isso respeitar o Código da Estrada. Nesta situação, o facto de existir um Código do Trabalho e demais legislação social no âmbito da Segurança e Saúde do Trabalho, esta

---

[8] Directiva do Conselho (89/391/CEE), de 12 de Junho de 1989, relativa à aplicação de medidas destinadas a promover a melhoria da Segurança e da Saúde dos trabalhadores no trabalho.
[9] A regulamentação relativa à carta de condução é um elemento indispensável para realizar a política comum dos transportes, contribuindo para melhorar a segurança rodoviária e facilitar a circulação das pessoas que se estabelecem num Estado-Membro distinto daquele que emitiu a carta de condução. Daí a necessidade de harmonização das regras relativas à carta de condução através da Directiva 2006/26/CE de 20/12, alterada pela Directiva 2009/113/CE de 25/08.

não o irá proteger se ele não respeitar o Código da Estrada. O empregador tem também aqui uma obrigação de ordem pública, já que ele deve assegurar que o trabalhador possui a permissão adequada para a condução e que respeita o Código da Estrada.

A segunda obrigação diz respeito à prevenção do risco rodoviário como risco profissional, já que entre o trabalhador e o empregador existe uma linha de subordinação no tempo de trabalho, que não é quebrada no acto de condução. O veículo, como se pode depreender da definição de conceitos, é aqui encarado como um local de trabalho, sendo ao mesmo tempo um equipamento de trabalho ou um componente de trabalho. O veículo é, ao mesmo tempo, um meio de transporte mas também um meio de trabalho, que envolve riscos específicos na sua condução, riscos esses que deverão ser avaliados no quadro das responsabilidades do empregador, a quem se impõem todas as regras definidas no quadro legal europeu, como os princípios gerais de prevenção. O trabalhador também deverá atender às suas obrigações legais no âmbito da Segurança e Saúde do Trabalho, sendo que, neste pressuposto, o seu comportamento na condução poderá ser entendido, sob o ponto de vista da competência, o que depende apenas de si mesmo. Esta obrigação, sob o ponto de vista da competência para um determinado acto de trabalho praticado pelo trabalhador, é também da obrigação do empregador, no sentido da sua avaliação.

3.1.1. Conceitos de Perigo e de Risco Profissional

Perigo e sua graduação

Convirá referir que a noção de "risco" se distingue da noção de "perigo", porquanto essa distinção se revela de uma importância instrumental em qualquer das dimensões de operacionalização da prevenção, ou seja, do "conjunto das disposições ou medidas tomadas ou previstas em todas as fases da actividade da empresa, tendo em vista evitar ou diminuir os riscos profissionais" (Directiva 89/391/CEE, de 12 de Junho).

Por "perigo" entende-se a propriedade intrínseca de uma instalação, actividade, equipamento, um agente ou outro componente material do trabalho com potencial para provocar dano (Lei nº 102/2009 de 10/09).

Outra definição idêntica é dada pela Comissão Europeia. Perigo é a capacidade intrínseca de uma coisa (materiais, equipamentos, métodos e práticas de trabalho, por exemplo) potencialmente causadora de danos [9].

Estas duas definições talvez sejam aquelas que mais se adequam à situação de trabalho, em geral, e à condução rodoviária de trabalho, em particular.

Estes conceitos de "perigo" estão perfeitamente contextualizados no seio da comunidade da Segurança e Saúde do Trabalho, a nível global, e constituem o padrão da definição de perigo no trabalho, associado a condição estática ou dinâmica – propriedade intrínseca ou situação inerente – de algo com potencial para causar dano, designadamente determinadas formas de energia, em que o seu contacto com o corpo humano provoca lesão, a partir de determinados níveis, pelo facto do corpo humano não possuir resistência a esses contactos e às suas consequências.

Como exemplos de perigo, em contexto do trabalho tradicional, podemos colocar os seguintes:

- Corrente eléctrica, acima de determinadas tensões;
- Produto químico perigoso (tóxico, irritante, asfixiante, etc.);
- Energia cinética (ex. movimento de fecho de uma prensa, a partir de determinados valores de massa e de velocidade do elemento móvel da prensa);
- Diferença de nível (força de atracção gravítica x massa do corpo em queda x altura até à superfície de impacto);
- Parte saliente ("em quina");
- Energia sonora (ruído);
- Superfície a alta temperatura;
- Lâmina de um elemento cortante.

Mas, na condução e transporte na estrada, quais são os perigos que se podem enfrentar? Tendo em atenção os conceitos de "perigo", já mencionados e relacionados com a Segurança e Saúde do Trabalho, são poucas as variáveis de perigo existentes na condução ou transporte num veículo ou, então se preferir, na conjugação da deslocação solidária com o veículo e o ambiente relativo onde se faz essa deslocação. Pode parecer estranho, mas é verdade. Após a análise do conceito de risco, talvez seja mais fácil consolidar este raciocínio. Assim, torna-se importante realçar quais são os perigos com maior evidência, partindo do pressuposto teórico das definições de perigo referidas anteriormente.

Para se chegar ao pressuposto da propriedade ou capacidade intrínseca do componente de trabalho, tem de se analisar o componente de trabalho "veículo" e as circunstâncias intrínsecas ou situação inerente que poderão provocar lesão no contexto cinemático da nossa deslocação solidária com o veículo. Resulta desta análise que de facto o grande problema na condução em termos de perigo (possível dano para o nosso corpo), resulta essencialmente da probabilidade do movimento do veículo a uma determinada velocidade, ser interrompido bruscamente pelo impacto contra um outro objecto ou situação análoga. Nesta situação dá-se uma brusca desaceleração do veículo com dissipação de energia cinética[10] entre este e o objecto (choque ou colisão)[11].

No entanto, pelo princípio da inércia[12], a velocidade do corpo só se altera quando sobre ele é aplicada uma força exterior, sendo que após a desaceleração brusca do veículo, devido precisamente ao facto de existir uma força exterior (objecto em movimento ou estático) que em contacto com este, o desacelera, o corpo não é actuado directamente por essa força exterior, continuando a deslocar-se à velocidade do veículo no momento em que se dá o choque[13]. Desta situação poderá resultar uma lesão, devido ao facto de não se dissipar a energia cinética, a não ser em contacto com objectos resistentes (choque directo de uma qualquer parte do corpo com elementos estáticos existentes no veículo, a projecção do nosso corpo devido à quantidade de movimento existente na altura do impacto, etc.). No entanto, após a paragem do corpo devido à dissipação da energia cinética, os órgãos internos continuarão a deslocar-se a uma determinada velocidade, chocando contra as paredes internas do corpo (exemplos: parede abdominal, caixa toráxica, etc.).

Estes factos podem ser observados através dos resultados dos conhecimentos adquiridos com os testes de impacto ou crash-tests, realizados, por exemplo, no âmbito do Euro NCAP[14]. Na realidade, quando um veículo colide com um objecto, ocorrem realmente três colisões: a colisão do veículo (1ª colisão), a colisão dos ocupantes (2ª colisão) e a colisão dos órgãos internos do corpo humano com a parte interior do corpo (3ª colisão).

Um veículo em movimento possui uma determinada velocidade e aceleração, que lhe conferem determinada energia cinética. Numa situação de futura colisão, sem que ocorra qualquer desvio da trajectória ou diminuição da sua velocidade, ao colidir com um objecto fixo ou móvel o veículo experimenta uma mudança brusca de velocidade que ocorre numa fracção de segundo (por ex. de cerca de 50km/h ele passa para zero km/h em, aproximadamente, 120 milésimos de segundo). Toda a estrutura do veículo absorve o impacto, deformando-se, até que o movimento do veículo pára por completo. Essa colisão denomina-se de primeira colisão [10]. Nesta situação, os ocupantes poderão sofrer lesões devido à deformação do veículo, nomeadamente nas

---

[10] Energia cinética: $E = \frac{1}{2} m v^2$
[11] De acordo com o Instituto de Seguros de Portugal – ISP, designa-se por "choque" o impacto de um veículo contra um objecto estático e por "colisão" o impacto de um veículo com um objecto em movimento.
[12] Primeira Lei de Newton ou "Princípio da Inércia" ($F = m a$). "Todo o corpo permanece no seu estado de repouso ou de movimento uniforme em linha recta, a menos que seja obrigado a mudar o seu estado por actuação de forças externas a ele."
[13] Quando se viaja num veículo, por exemplo a 50 km/h, estamos com esta velocidade em relação ao solo, porém estamos parados em relação ao carro.
[14] Euro NCAP – European New Car Assessment Program's.

extremidades dos membros inferiores (pés e tornozelos), dada a deformação do piso sobre o qual estes se apoiam e em virtude da invasão do compartimento pelo painel de instrumentos e pelo volante; por tudo isto há, também, grande probabilidade de ocorrer choque do (s) joelho (s) contra as estruturas do veículo, nesse espaço reduzido.

Quando a primeira colisão termina, inicia-se a segunda colisão, que consiste no choque dos ocupantes contra o interior do veículo. Considerando-se que, nessa situação hipotética, o ocupante não está a usar o cinto de segurança, esse choque será inevitável pois o ocupante continuará, devido à inércia, a mover-se à velocidade a que se vinha deslocando o veículo, antes do impacto contra a barreira fixa ou móvel. Não ocorre nenhuma redução significativa de velocidade do corpo do ocupante, até que alguma parte do seu corpo atinja a estrutura interna do veículo – o que ocorre, frequentemente, após o impacto do (s) joelho (s) contra o painel de instrumentos, o que pode reduzir a velocidade do corpo a 1/3 da inicial. Na maioria dos casos, a maior redução da velocidade do ocupante ocorre quando a cabeça ou o tórax atinge o volante (no caso de condutores) ou o painel de instrumentos e o pára-brisas. Cada parte do corpo do ocupante atinge as estruturas internas à sua frente em momentos minimamente diferentes, num espaço de tempo praticamente idêntico ao que o veículo levou para desacelerar até parar completamente, ou seja, cerca de 1/10 de segundo. É na segunda colisão que ocorre a maior parte das lesões sofridas pelos ocupantes dos veículos [10].

Terminado o movimento da 2ª colisão, ocorre finalmente e com maior probabilidade, função da velocidade inicial do veículo, a terceira colisão, na qual os órgãos internos chocam contra outros órgãos ou com a estrutura óssea, em desaceleração (quanto maior a velocidade inicial, maior a probabilidade de ocorrência de danos internos). Na sequência desta colisão podem ocorrer rupturas de órgãos e, por conseguinte, graves hemorragias internas. Nesta situação verifica-se o mesmo fenómeno da energia cinética, mencionado nas colisões anteriores. Quando o corpo humano atinge algum objecto no interior do carro que provoca uma desaceleração brusca até parar, os órgãos internos continuam a deslocar-se com a mesma velocidade que o corpo tinha, momentos antes de parar. Nessa situação, os órgãos internos ficam providos de uma energia cinética que precisa de ser dissipada e essa dissipação é feita por meio de choques com outros órgãos ou com a estrutura óssea. São estas "colisões internas" que, na maioria dos casos, provocam serias lesões ou a morte [10].

Uma outra situação que merece destaque na definição de perigo na condução, é o fenómeno do capotamento, no acervo da definição de perigo referida anteriormente. Nesta situação, o veículo altera a sua posição em relação ao solo com uma dinâmica que é função da velocidade do veículo, no momento da perda de estabilidade, quando este altera a sua trajectória ideal ou o ângulo de deriva. Da mesma forma, o perigo revela-se na quantidade de movimento ou de energia cinética do veículo e na sua dissipação ao entrar de novo em contacto com o solo ou com outros obstáculos, até parar. No caso do contacto do tejadilho com o solo, a energia é dissipada pela estrutura superior do veículo que, não possuindo resistência, deforma-se; nestas circunstâncias, poderá ter um efeito de esmagamento sobre o corpo dos ocupantes do veículo.

O facto dos ocupantes do veículo estarem animados com a mesma velocidade do veículo e de estarem sujeitos às mesmas forças que alteram a posição do veículo em relação ao solo, reflecte a mesma situação que foi descrita no choque ou colisão referidos anteriormente. O corpo só irá parar quando dissipar a energia cinética de que está animado em contacto com as partes internas do veículo ou com objectos exteriores (o próprio solo), no caso da projecção do corpo para o exterior. Os danos internos referidos na 3ª colisão, também podem acontecer, utilizando o mesmo raciocino, para os impactos longitudinais do corpo.

Tomando como exemplo o choque ou colisão de um veículo, pode-se afirmar que o perigo, como propriedade ou capacidade intrínseca do componente de trabalho (veículo), com capacidade de causar lesões ou danos para a saúde das pessoas, poderá ser a quantidade de energia cinética de que o condutor e os passageiros estão animados em relação ao solo, na deslocação do veículo a uma determinada velocidade e a sua consequente dissipação, pelo eventual impacto que poderá ocorrer entre o veículo e um obstáculo exterior.

Normalmente, ao perigo associa-se o seu potencial para causar dano. A esse potencial, pode também ser associada uma quantificação – a tensão de uma corrente eléctrica, a toxicidade de uma substância química, ... – ou uma graduação de perigos. A este propósito são utilizadas as expressões de perigo grave, perigo iminente ou perigo grave e iminente [11].

No caso dos choques ou colisões de veículos, será pertinente referir que o efeito da energia cinética nos corpos, após um embate, se manifesta num curto período de tempo; em certa medida, a graduação do perigo será função essencialmente da velocidade de que o veículo está animado, ou seja, a mesma velocidade dos ocupantes em relação ao solo, independentemente dos meios utilizados para reduzir a gravidade das lesões que possam ocorrer nas três colisões (colisão do veículo, colisão dos ocupantes, colisão dos órgãos internos do corpo humano). A quantidade de energia cinética é igual ao produto da massa do objecto pelo quadrado da velocidade que está animado ($E = \frac{1}{2} m v^2$).

Conclui-se que, quanto maior for a velocidade, maior será a graduação ou o nível de perigo, no caso de impacto do veículo (a energia cinética aumenta com o quadrado da velocidade). Sendo assim e para diminuir o dano nos seus ocupantes, quanto maior for a velocidade, maior capacidade de retenção de energia é exigida, tanto aos meios de protecção passivos do veículo, como aos sistemas de protecção exteriores, uma vez que a partir de determinadas velocidades o corpo humano não consegue resistir às consequências da 3ª colisão.

Risco, Risco profissional e Factor de risco

Por risco entende-se a probabilidade de concretização do dano em função das condições de utilização, exposição ou interacção do componente material do trabalho que apresente perigo (Lei nº 102/2009).

O conceito de risco, definido pela Comissão Europeia no "Guia para a avaliação de riscos no local de trabalho" de 1996, é idêntico: "Risco é a probabilidade do potencial danificador (perigo) ser atingido nas condições de uso e/ou exposição, bem como a possível amplitude do dano" [9].

Consequentemente, pode afirmar-se que o risco profissional ocorre quando existe a possibilidade de um trabalhador sofrer um determinado dano provocado pelo trabalho, sendo que a sua qualificação dependerá do efeito conjugado da probabilidade de ocorrência do dano, pela sua gravidade.

A noção de risco, por seu lado, responde à necessidade de lidar com situações de perigo futuro. Dito de outro modo, pretende possibilitar a antecipação das situações em que o perigo se possa manifestar e atingir pessoas e bens. Implica, por isso, um processo de valorização conjunta da probabilidade da sua ocorrência (quantas vezes pode ocorrer?) e da estimativa da gravidade dessa ocorrência (que dano pode resultar?) [12].

A expressão da realizabilidade do perigo que a noção de risco envolve, reporta-se a uma consideração dinâmica – a ocorrência. Então, para se poder falar de uma situação de risco, torna-se necessário considerar a exposição de uma ou mais pessoas ao perigo, momento em que, numa dada conjugação de circunstâncias – o evento detonador[15] – pode despoletar-se um acidente[16] que, no termo do seu percurso de desenvolvimento (o percurso acidental), é capaz de provocar um dano de determinada gravidade ou, até, verificar-se que o dano não aconteceu porque foi possível a sua interrupção ou que a sua gravidade é muito reduzida porque foi realizável o seu controlo (o incidente[17]) [11] (ver figura 2).

---

[15] Este evento detonador, poderá ser, em grande parte das circunstâncias de trabalho, um outro factor de risco que conjugado com um factor de risco já existente, nomeadamente um factor físico determinante, faz desenvolver todo o percurso acidental até ao acidente e até ao possível dano.

[16] O acidente pode assim definir-se como um evento imprevisto e indesejável de que resulta a lesão, a morte, perdas de produção, danos na propriedade ou no ambiente e produz-se numa situação complexa que compreende elementos permanentes de perigo e elementos variáveis, localizados no espaço e no tempo (as condições de exposição e o evento detonador) [13].

[17] Caso o acidente não chegue a provocar lesão pessoal recebe a designação de incidente [13].

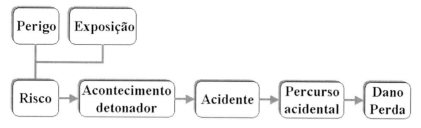

FIGURA 2 – Sincronização da sequência do acidente. Fonte: Roxo, Manuel [11].

Desta forma, o risco profissional deve entender-se como "uma combinação de probabilidade da ocorrência de um fenómeno perigoso, com a gravidade das lesões ou danos para a saúde que tal fenómeno perigoso possa causar" [13].

No conceito de risco profissional inserem-se as dimensões da probabilidade de manifestação de um dano e a própria graduação desse dano, numa situação de uso/exposição em situação de trabalho. Por isso, o risco profissional deve ser avaliado, em função das condições de exposição de um trabalhador a um determinado perigo identificado e tendo em atenção a estimativa da probabilidade do dano poder ocorrer, bem como a estimativa da gravidade do próprio dano. Neste sentido, é importante referir um outro conceito subjacente ao aparecimento das condições de uso/exposição, que é o conceito de factor de risco. O conceito de factor de risco está, hoje em dia, muito próximo do conceito de perigo no trabalho e indica claramente todos os factores (objectivos ou subjectivos) que colocam os trabalhadores em exposição ao perigo, gerando assim o risco profissional.

A esta acepção tem-se acrescentado a característica do risco enquanto estímulo externo – o risco objectivo – relativamente ao qual é necessário procurar conhecer os contornos para o eliminar ou controlar, em contraponto com o risco subjectivo, necessário à caracterização dos mecanismos comportamentais da resposta dada pelas pessoas, perante esse estímulo [11].

Os factores de risco existem, enquanto aspectos da situação de trabalho que têm a propriedade ou a capacidade de causar um dano, na medida em que um trabalhador a eles se encontra exposto [14].

Tomemos alguns dos exemplos de perigo referidos anteriormente. Face à existência de uma corrente eléctrica de tensão igual ou superior a 220 V, num quadro eléctrico, poderá existir um risco de contacto com a corrente eléctrica se, por exemplo, um trabalhador estiver a praticar qualquer acto de trabalho próximo de uma parte activa desse quadro, sem protecção ou sem desligar a corrente a montante do quadro. Neste caso, os factores de risco para o trabalhador serão a intervenção junto de uma parte activa em tensão ou a não aplicação de um procedimento de segurança (separação e bloqueio de energias). Essa atitude de se colocar junto de uma parte activa ou de não utilizar um procedimento de segurança, contribui para a exposição do trabalhador ao possível contacto com a corrente eléctrica (perigo).

Um trabalhador que opere com uma prensa hidráulica com capacidade de 1000 toneladas, nomeadamente na sua alimentação e descarga na zona de trabalho ou de produção, sem qualquer tipo de protecção móvel que impeça o contacto físico do trabalhador no momento do fecho da prensa (movimento perigoso), apresenta para o trabalhador um risco de esmagamento de uma parte do corpo, sendo que, neste exemplo, o factor de risco poderá ser considerado a ausência de protecção móvel ou até a sua anulação ou escamoteamento. Esta ausência ou escamoteamento da protecção móvel contribui para a exposição do trabalhador ao movimento perigoso de fecho da prensa.

No entanto, a mera existência de uma situação de risco não explica, por si só, a ocorrência de um acidente. Para ele se verificar torna-se necessária a conjugação de várias circunstâncias, nomeadamente a existência do evento detonador, que despolete o processo de acidente. Esse evento detonador poderá ser, em grande parte, fruto das circunstâncias de trabalho, ou poderá ser um outro factor de risco que, conjugado com um factor de risco já existente, nomeadamente um factor físico determinante, faça desenvolver todo o percurso acidental até ao acidente e até ao possível dano (ver figura 2).

O facto de o trabalhador estar a praticar um acto de trabalho junto a uma parte activa de um quadro eléctrico em tensão, não significa que se vá produzir um contacto com essa parte activa durante o acto de trabalho que se está a realizar. Mas esse contacto com a parte activa pode acontecer, pela conjugação de outros factores; tal pode verificar-se se o trabalhador escorregar devido a postura inadequada de trabalho e inadvertidamente colocar a mão na parte activa, ou então se ocorrer a queda acidental de água na superfície da parte activa, dando origem a um arco eléctrico que atinja o trabalhador. Estas situações preconizam o percurso acidental até ao acidente.

O que se verifica na sequência do acidente, desde o perigo até ao dano é a presença de vários factores de risco, cuja conjugação é determinante para a existência do acidente. Na sequência de um acidente não se pode apontar uma causa única, uma vez que provavelmente, haverá uma possível multiplicidade causal determinante e que, na prática, origina o acidente. Repare-se que uma causa mais não é do que uma situação que pode, ou não, possibilitar a produção de um acidente (probabilidade). Respeita, nesta acepção tradicional, quase exclusivamente a elementos objectivos e ao socorrer-se de um percurso linear de causa-efeito tem dificuldade em percepcionar factores pessoais ou organizacionais, ou mesmo, a diversidade de efeitos origináveis numa dada causa ou a diversidade de causas suscitadas por um dado efeito [14]

O conceito de acidente deve ser referido numa perspectiva global. Assim o acidente pode definir-se como um evento imprevisto e indesejável do qual resulta a lesão, a morte, perdas de produção, danos na propriedade ou no ambiente; ele produz-se numa situação complexa que compreende elementos permanentes de perigo e elementos variáveis, localizados no espaço e no tempo (as condições de exposição e o evento detonador) [13]. Caso o acidente não chegue a provocar a lesão pessoal, recebe a designação de "incidente". As situações em que não se produz lesão pessoal nem dano material designam-se de quase acidente e podem subsumir-se no conceito de incidente [13].

Como se poderá, então, aplicar estes conceitos à condução ou transporte de pessoas através de um veículo, na estrada? Quais os riscos e os factores de risco inerentes a estes pressupostos?

A partir do conceito de perigo, associado à energia cinética, e tendo em atenção que o risco profissional deve entender-se como uma combinação da probabilidade de ocorrência de um fenómeno perigoso no trabalho, com a gravidade das lesões ou danos para a saúde que tal fenómeno perigoso pode causar, sem dúvida que o maior risco decorrente da deslocação num veículo será o da sua colisão ou choque contra objectos, tendo em atenção as condições de exposição ao perigo ou a fenómeno perigoso, conforme foi referido anteriormente. Outros riscos decorrentes da energia cinética ou de outras forças poderão ser o risco de capotamento e, até, face às circunstâncias relativas ao ambiente onde se faz a deslocação do veículo, o risco de queda em altura a partir da via de circulação. Possivelmente, estas referências de risco indicam as tipologias mais evidentes do risco rodoviário. O atropelamento de peões também deve ser percepcionado neste âmbito, sendo que a aplicação dos termos perigo e risco terá, porventura, a mesma lógica de raciocínio dos riscos referidos anteriormente.

O conhecimento dos factores de risco, na perspectiva da condução na estrada, é muito importante para se perceber a causalidade dos acidentes na estrada, sendo também prioritário o conhecimento da sua conjugação e interacção mútua ou efeito combinado, de modo a repercutir esses conhecimentos na prevenção da sinistralidade rodoviária. No entanto, os mesmos factores de risco que influenciam a condução normal em estrada podem actuar de modo diferente no caso da condução em trabalho, sendo que a sua influência pode aumentar a probabilidade e a gravidade dos acidentes.

No tráfego rodoviário, o risco global é função de quatro elementos importantes. O primeiro elemento é a exposição, ou seja, a quantidade de movimento ou de deslocação no sistema rodoviário pelos diferentes utilizadores ou por uma população com determinada densidade. O segundo elemento é a probabilidade básica de se sofrer um choque ou colisão, a partir de determinada exposição. O terceiro elemento é a probabilidade de lesão, no caso de choque ou colisão. O quarto elemento é o resultado final de determinada lesão. O risco pode ser explicado através do erro humano, da energia cinética, da tolerância do corpo humano e da atenção posterior dada ao acidente.

De acordo com a OMS e tendo em atenção os quatro elementos fundamentais para o risco rodoviário global, os principais factores de risco subjacentes às lesões devidas a acidentes de trânsito, estão divididos em quatro grandes grupos [1]:

- Factores que influenciam a exposição ao risco:
    ✓ Factores económicos, incluindo a privação social;
    ✓ Factores demográficos;
    ✓ Práticas de planeamento do modelo de utilização territorial, influenciadoras da extensão das viagens ou do modo de viajar;
    ✓ Mistura de tráfego motorizado de alta velocidade, com utilizadores da estrada vulneráveis;
    ✓ Atenção insuficiente na integração da função estrada com as decisões acerca de limites de velocidade, desenho e construção de estradas.
- Factores de risco que influenciam o acidente:
    ✓ Inapropriada ou excessiva velocidade;
    ✓ Presença de álcool, medicamentos ou drogas;
    ✓ Fadiga;
    ✓ Idade muito jovem dos condutores;
    ✓ Utilizador vulnerável nas áreas urbanas e residenciais;
    ✓ Viajar à noite;
    ✓ Factores correspondentes ao veículo, como travões, direcção e manutenção;
    ✓ Defeitos existentes no desenho da estrada, o seu layout e manutenção e que também podem conduzir a um comportamento inseguro do utilizador da estrada;
    ✓ Visibilidade inadequada pelos factores ambientais (que torna difícil a visualização de veículos, os obstáculos e os utilizadores da estrada);
    ✓ Fraca visão do utilizador.
- Factores de risco que influenciam o grau de gravidade do acidente:
    ✓ Factores humanos de tolerância ao dano;
    ✓ Inapropriada ou excessiva velocidade;
    ✓ Não utilização de cintos de segurança ou de sistema de retenção de crianças;

- ✓ Não utilização dos capacetes pelos condutores e passageiros de veículos de duas rodas;
- ✓ Obstáculos na berma da estrada sem protecções contra impactos;
- ✓ Protecção insuficiente nos veículos, contra os choques ou colisões, para os seus ocupantes e para aqueles que são atingidos por veículos;
- ✓ Presença do álcool e/ou de drogas.
– Factores de risco que influenciam a gravidade da lesão no pós-acidente:
- ✓ Atraso na detecção do acidente;
- ✓ Presença de fogo, após o choque ou colisão;
- ✓ Fuga de materiais perigosos;
- ✓ Presença de álcool e/ou drogas;
- ✓ Dificuldade no salvamento e em retirar as pessoas dos veículos;
- ✓ Dificuldade em evacuar pessoas de autocarros e carruagens, envolvidas no acidente;
- ✓ Falta de cuidados apropriados pré-hospitalares;
- ✓ Falta de cuidados apropriados nas salas de urgência hospitalares.

Verifica-se, pois, que os riscos ocorrem largamente como resultado de vários factores globais, incluindo o erro humano integrado no sistema rodoviário, a grandeza e a natureza da energia cinética devida ao impacto ao qual as pessoas estão expostas no sistema em resultado dos erros, a tolerância dos indivíduos aos impactos e a qualidade e disponibilidade dos serviços de emergência e tratamento do trauma.

Dos factores de risco que influenciam a exposição e de acordo com a OMS, sobressai o aumento do número de veículos motorizados em circulação, contribuindo para o aumento substancial do número de acidentes rodoviários. Deste aumento de veículos resulta o aumento do risco decorrente do sistema condução, onde o homem é uma peça vulnerável. A este aumento do número de veículos motorizados em circulação corresponderá, certamente, um número considerável de veículos de transporte de mercadorias e de passageiros, de veículos em missão de trabalho e de trajecto.

A velocidade é considerada um factor de risco para a ocorrência do acidente e para o aumento da gravidade do acidente, em termos materiais e em termos físicos, ou seja, a velocidade influencia o parâmetro da probabilidade de dano quando se avalia o risco e, ao mesmo tempo, o parâmetro da gravidade do dano. Quanto maior for a velocidade, maior será o risco de acidente e nestas circunstâncias é necessário controlar esse risco, diminuindo essa probabilidade com o reforço de determinados factores que, se não forem controlados, poderão constituir um evento detonador do acidente.

Os acidentes rodoviários de trabalho constituem um grupo significativo no total de acidentes laborais; relativamente aos acidentes laborais mortais, os acidentes rodoviários em missão representam entre 25% a 40%; se a estes acidentes adicionarmos os acidentes rodoviários em trajecto, os acidentes rodoviários em trabalho representam cerca de 20% mais [15].

A condução profissional é uma actividade perigosa, e envolve riscos mais elevados do que aqueles que se encontram virtualmente noutra ocupação ou na maioria das outras actividades quotidianas. Apesar do facto do seu índice de mortalidade em acidentes rodoviários ser menor do que o de outros grupos de utilizadores rodoviários, os condutores profissionais impõe riscos substanciais para os outros grupos de utilizadores da estrada [6].

Os condutores em trabalho são um grupo bastante heterogéneo, sendo necessária mais pesquisa e investigação para permitir uma melhor análise dos factores de risco rodoviários que afectam os diferentes grupos de condutores em trabalho [6].

Constituem formas de controlo do risco de acidente, nestas circunstâncias, a diminuição do impacto do erro humano na condução, a boa capacidade psico-física do condutor, incluindo as competências para conduzir às mais diversas velocidades, as boas condições mecânicas de funcionamento do veículo, os bons meios de segurança activa e passiva dos veículos, nomeadamente uma grande capacidade de retenção de energia, as boas condições do piso e as boas condições atmosféricas, nomeadamente de visibilidade. Estes factores constituem, na prática, alguns dos requisitos fundamentais da competição automóvel. Se compararmos os números de acidentes mortais na competição automóvel, com o número de acidentes mortais na estrada, em termos de incidência de exposição, facilmente entendemos que os números de acidentes mortais na estrada são incomparavelmente superiores aos números dos acidentes em competição. Pode deduzir-se que o controlo do risco de acidente devido à velocidade, na competição, faz diminuir o valor da probabilidade de acidentes em competição. Nas estradas a velocidade é limitada legalmente face a determinadas circunstâncias, impedindo a circulação a velocidades elevadas, já que as condições de controlo de risco para a probabilidade de acidentes, são significativamente diferentes num veículo normal e num condutor normal, face às de um veículo de competição e de um piloto. Não se exige do condutor ou do veículo, condições de controlo de risco idênticas às da competição automóvel. No entanto, os ensinamentos da competição automóvel têm passado rapidamente para a construção automóvel ao nível da segurança e também não é de estranhar que alguns comportamentos e competências da competição automóvel sejam, hoje em dia, passados para a formação da condução, por exemplo a condução defensiva.

De acordo com a OMS, a velocidade influencia também o grau de gravidade do acidente, ou seja, o parâmetro gravidade da relação de risco. Quanto maior a velocidade, maior será a energia cinética que animará o sistema veículo/homem, na razão do quadrado da velocidade. Tal como foi referido no ponto sobre a definição do perigo, conclui-se que quanto maior for a velocidade, maior será a graduação ou nível de perigo no caso de impacto do veículo. Sendo assim e para diminuir o dano nos seus ocupantes, quanto maior for a velocidade, maior capacidade de dissipação de energia é exigida da estrutura de um veículo, melhores meios de protecção passivos são exigidos do veículo, como meios de retenção e de absorção da energia dos seus ocupantes, bem como sistemas de protecção exteriores mais evoluídos e adaptados às condições técnicas das vias, sendo que, mesmo assim, a partir de determinadas velocidades o corpo humano não consegue resistir às consequências da 3ª colisão, pela nossa natural vulnerabilidade.

Na maioria dos acidentes de trânsito, sejam ou não em trabalho, a intervenção das pessoas implicadas no acidente é fundamental e decisiva. Na altura da tomada de uma decisão face ao risco e ao possível acidente, é o condutor quem tem a última palavra, ou seja, independentemente dos sistemas de controlo do risco existentes, cabe ao homem, em última instância, a possibilidade de evitar o acidente e a própria lesão.

Os factores de risco estão, então, na origem da causalidade dos acidentes e importa analisar de que modo é que esses factores se conjugam para provocar o acidente. Pode-se reduzir todos os factores de risco determinantes na causalidade dos acidentes a três dos factores intervenientes. Estes três factores são: o factor humano (o trabalhador que actua como condutor ou como um peão, pois não se deve esquecer os acidentes devido a atropelamento); o factor mecânico (refere-se ao veículo ou meio de transporte como equipamento de trabalho em caso de acidentes em missão, assim como a sua manutenção periódica, incluindo as revisões obrigatórias do tipo inspecções técnicas obrigatórias); os factores ambientais (incluindo aqui tudo o que esteja relacionado com as condições meteorológicas como neve, gelo, chuva, nevoeiro, etc; o estado da via, incluindo a sua sinalização). A fronteira entre os três factores mencionados é difícil de se estabelecer, pois todos estão relacionados entre si e, fundamentalmente, com o factor humano [16].

Há numerosos estudos que analisam a influência dos três factores mencionados e chegam à conclusão de que o factor humano é o factor determinante, com uma influência da ordem dos 85%, sendo que alguns investigadores apontam para os 90%; os restantes, o veículo e a via, surgem com uma influência que pode variar entre os 5% e os 15% (ver figura 3) [16].

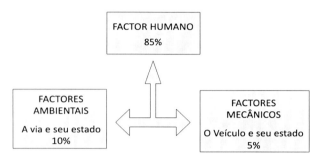

FIGURA 3 – Influência dos factores que intervêm nos acidentes rodoviários.
Fonte: Adaptado de La Mútua [16].

O factor humano e a sua influência como factor de risco na sinistralidade rodoviária, nomeadamente em trabalho, são preocupantes e devem ser alvo de uma particular atenção pela sociedade em geral. Alguns estudos simplificam os factores de risco humanos reduzindo-os aos factores apresentados no quadro 3. Os intervalos são variáveis, como se pode verificar pela análise do quadro 3 e tendo em atenção as fontes de onde se retiraram estes dados [16].

QUADRO 3 – Algumas das principais causas de acidentes de trânsito devidas ao factor humano.

ALGUMAS DAS PRINCIPAIS CAUSAS DE ACIDENTES DE TRÂNSITO DEVIDAS AO FACTOR HUMANO	
Consumo de álcool, drogas ou medicamentos	30-70%
Velocidade inadequada	20-25%
Distracções	20-25%
Ultrapassagens incorrectas	15%
Incumprimento das normas de circulação	10%

Fonte: Adaptado de La Mútua [16]

3.1.2. Os conceitos jurídicos de Local de Trabalho e de Acidente de Trabalho

Na perspectiva do Direito da Segurança e Saúde do Trabalho, os conceitos jurídicos de Local de Trabalho e de Acidente de Trabalho constituem, neste domínio da Segurança Rodoviária de Trabalho, os conceitos mais importantes para a difusão do problema e para a sua promoção no âmbito da prevenção. Sendo a condução de um veículo e o sistema de transporte, uma actividade de trabalho, independentemente da sua dimensão espacial e temporal, então torna-se necessário analisar os conceitos referidos, não só na perspectiva jurídica, mas também na perspectiva da sua dimensão como acto integrado de trabalho, fruto do desenvolvimento e da transformação dos processos de trabalho. Uma das novas características dos processos de trabalho, amplamente estendida a todos os sectores, é a deslocação do centro habitual de trabalho para outro lugar, de modo a permitir a realização de diferentes tarefas de trabalho. O centro de trabalho torna-se cada vez mais difuso, sendo apenas um lugar de referência porque a tarefa está onde o cliente a solicita e onde o trabalho seja necessário.

Local de Trabalho

De acordo com os referenciais legais europeus e nacionais, "local de trabalho é o lugar em que o trabalhador se encontra ou de onde ou para onde deva dirigir-se em virtude do seu trabalho, no qual esteja directa ou indirectamente sujeito ao controlo do empregador" (Lei nº 102/2009 de 10 de Setembro).

Por posto de trabalho deve entender-se o sistema constituído por um conjunto de recursos (humanos, físicos, tecnológicos e organizacionais) que, no seio de uma organização do trabalho, visa a realização de uma tarefa ou actividade [17]. Os locais de trabalho e os postos de trabalho integram o conceito de componentes materiais do trabalho, estabelecido também no âmbito legal, nomeadamente na Lei nº 102/2009 de 10 de Setembro.

A definição de local de trabalho acarreta consigo alguma dúvida quando transposta para a prática quotidiana do trabalho e conduzem a algumas questões. Por exemplo:

- Serão as vias de circulação e os locais acessórios dos locais reservados à prática das tarefas ou actividades laborais (como casas de banho, locais de descanso, etc.), locais de trabalho?
- E o veículo, no sentido da deslocação necessária ao cumprimento de uma actividade num local fora das instalações habituais, poderá ser considerado local de trabalho?
- O que é o local de trabalho para um profissional de transportes de mercadorias ou de pessoas?

As palavras – chave da definição legal de local de trabalho, que permitem responder a estas questões e a outras relacionadas com local de trabalho são "o lugar em que o trabalhador se encontra" e "em virtude do seu trabalho". Pode-se afirmar, com certeza, que todo o local necessário ao desempenho de uma determinada actividade de trabalho, independentemente de ser um local físico e estático (por exemplo num edifício), identificado como local principal para o desempenho das funções, é considerado local de trabalho, a partir da definição legal. Ao analisar-se a definição de local de trabalho, deve-se questionar se o local em que um trabalhador se encontra, independentemente da localização geográfica e contemplativa de propriedade do empregador, é local necessário para a execução da actividade previamente definida, em virtude do seu trabalho. Por exemplo, quando se entra num edifício onde se encontram as instalações do local de trabalho, obviamente que o trabalhador tem de se deslocar por vias comuns aos demais utilizadores do edifício e que, de todo, não são locais de trabalho no sentido estrito do termo. Independentemente do trabalhador realizar essa deslocação dentro ou fora do horário de trabalho (desde que exista o controlo directo ou indirecto, por parte do empregador), ele encontra-se nesses locais comuns em virtude do seu trabalho. Se não for em virtude do trabalho, provavelmente não seria necessário realizar essa deslocação. Daí que, nessas condições, esses locais, poderão ser apelidados de locais de trabalho, sendo esta a regra jurídica de interpretação de um local de trabalho. A conotação de local de trabalho secundário ou acessório permite, em qualquer contexto, a indicação de que esse local não é local de trabalho principal, mas é necessário percorrer, atravessar, estar nesse local, no contexto do trabalho.

O mesmo raciocínio deve ser utilizado, no caso concreto da estrada e no seu percurso, como condutores ou como passageiros, em contexto de trabalho. Assim, se um indivíduo se encontra num determinado local, num veículo e numa via rodoviária (desta feita em deslocação dinâmica no sistema veículo/homem), em virtude do trabalho, então neste caso o veículo assume a definição de componente material do trabalho, sendo um equipamento de trabalho, mas também um local de trabalho. No caso do posto de condução, naturalmente que ele se assume como posto de trabalho, na actividade de condução, independentemente desta actividade ser profissional, em missão ou em trajecto.

Em numerosas circunstâncias, a condução de um veículo na estrada é um acto de trabalho, seja para o trabalhador profissional de transportes, seja para o trabalhador que o desempenha em missão, mesmo que o centro da sua actividade não seja a condução [18].

A aplicação do conceito de local de trabalho, definido pela lei, ao veículo na deslocação numa via rodoviária, por motivos de trabalho, ainda deixa alguma dúvida. Ao tempo em que este conceito foi definido, provavelmente a sua aplicação aos vários sectores de actividade e às actividades desenvolvidas, era o mais adequado. Mas o desenvolvimento crescente das novas formas de trabalho e dos processos de trabalho e, no caso presente, o grande desenvolvimento do fenómeno das deslocações por motivo de trabalho, coloca este conceito de local de trabalho, definido legalmente, num patamar desfasado da realidade actual do trabalho e das suas novas formas. É urgente evoluir o conceito, no âmbito legal, tendo em atenção o impacto que este fenómeno está a trazer à sinistralidade rodoviária, em geral e à sinistralidade rodoviária de trabalho, em particular.

Do conceito de local de trabalho, pressupõe-se o acto de utilização da estrada como via de deslocação através de um veículo. Desta forma, o grupo de utilizadores da estrada através de um veículo, visto como local de trabalho, é bastante heterogéneo. Neste grupo podem incluir-se os condutores e passageiros de vários tipos de veículos, usados com uma determinada finalidade (veículos ligeiros de passageiros, veículos motorizados de duas rodas, veículos comerciais ligeiros, veículos de mercadorias, veículos pesados de mercadorias, autocarros, táxis, miniautocarros, veículos de emergência, máquinas para construção e agricultura, bicicletas, etc.). No entanto, outras pessoas podem trabalhar em locais de trabalho diversos (nalguns casos, em locais públicos ou vias pedonais, ou na própria estrada) e sofrer um acidente rodoviário. Estão neste caso as pessoas que se encontram a trabalhar nas vias rodoviárias ou próximo destas, como por exemplo os trabalhadores de manutenção de sistemas ou de vias, os trabalhadores da construção, os trabalhadores da recolha de lixo, os carteiros, os trabalhadores da assistência em viagem, etc.

Acidente de trabalho, Acidente rodoviário de trabalho em missão, Acidente rodoviário de trabalho em trajecto

Acidente de Trabalho

De acordo com a legislação nacional relativa ao regime geral de reparação dos acidentes de trabalho e doenças profissionais, é acidente de trabalho "aquele que se verifique no local e no tempo de trabalho e produza directa ou indirectamente lesão corporal, perturbação funcional ou doença de que resulte redução na capacidade de trabalho ou de ganho ou a morte" (D.L nº 98/2009 de 4 de Setembro).

Neste conceito subentende-se o local de trabalho definido de acordo com o referencial legal, referido anteriormente. O tempo de trabalho é, para além do período normal de laboração, o tempo que preceder o seu início, em actos de preparação ou com ele relacionados, e o tempo que se lhe seguir, em actos também com ele relacionados, e ainda as interrupções normais ou forçosas de trabalho, elencadas também na legislação.

A conjugação do conceito de acidente de trabalho com o conceito de local de trabalho torna mais fácil a compreensão do conceito de acidente rodoviário de trabalho, nomeadamente o acidente em trajecto, sendo que a legislação, particulariza os casos em que existe deslocação em trajecto. De acordo com os requisitos legais, são também considerados acidentes de trabalho, os acidentes que se verifiquem nos trajectos normalmente utilizados e durante o período de tempo habitualmente gasto pelo trabalhador (D.L nº 98/2009 de 4 de Setembro):

a) Entre qualquer dos seus locais de trabalho, no caso de ter mais de um emprego;
b) Entre a sua residência habitual ou ocasional e as instalações que constituem o seu local de trabalho;
c) Entre qualquer dos locais referidos na alínea precedente e o local do pagamento da retribuição;
d) Entre qualquer dos locais referidos na alínea *b)* e o local onde ao trabalhador deva ser prestada qualquer forma de assistência ou tratamento por virtude de anterior acidente;
e) Entre o local de trabalho e o local da refeição;
f) Entre o local onde por determinação do empregador presta qualquer serviço relacionado com o seu trabalho e as instalações que constituem o seu local de trabalho habitual ou a sua residência habitual ou ocasional.

Acidente rodoviário de trabalho em missão

Para os acidentes rodoviários de trabalho em missão pode dizer-se que a seguinte definição harmonizada é válida: "acidentes rodoviários que ocorrem no seguimento de um trabalho, quando se executam as tarefas confiadas pela empresa aos seus trabalhadores" [19].

Estes acidentes são reconhecidos como contingências profissionais, porque se entende que o acidente se produz durante a execução do trabalho. Este fenómeno configura-se para os profissionais de transportes (pesados de mercadorias e de pessoas, taxistas, profissionais de entregas, etc.) e para todas as profissões em que a condução, a estadia ou o caminhar pela via de circulação, ainda que não represente o elemento principal do ofício, uma parte do tempo de trabalho (exemplo: trabalhadores técnico-comerciais, médicos, assistentes sociais, técnicos de manutenção, etc.) [8].

Em Portugal, o acidente rodoviário em missão ou "in labore", é reconhecido legalmente através da aplicação dos conceitos de local de trabalho e do conceito de acidente de trabalho.

O acidente de trabalho "em missão" configura-se pela jurisprudência como um acidente de trabalho puro e simples, fora do conceito de acidente em trajecto ou "in itinere", consequência do trabalho realizado pelo trabalhador, durante todo o tempo em que este está submetido às decisões da empresa (tempo, em que entendem os tribunais que se está no momento e local de trabalho); não existe ruptura do nexo causal entre o trabalhador e o dano corporal. [20].

Acidente rodoviário de trabalho em trajecto ou "in itinere"

No caso dos acidentes rodoviários de trabalho em trajecto ou "in itinere", também cabe uma definição harmonizada: "acidente rodoviário que sucede no percurso que o trabalhador realiza entre o seu domicílio e o local de trabalho e vice-versa, incluindo as pequenas deslocações provocadas pelas necessidades da vida" [19].

Em Portugal, o acidente "in itinere" é reconhecido legalmente através da legislação referente à reparação dos acidentes de trabalho e doenças profissionais (D.L nº 98/2009 de 4 de Setembro), que regulamenta os tipos de trajecto e as situações em que possa acontecer um acidente de trabalho e já referido anteriormente.

A qualificação de acidente em trajecto ou "in itinere" como acidente de trabalho baseia-se no pressuposto de que, se o acidentado não tivesse que se deslocar para o seu local de trabalho desde a sua casa, ou na situação inversa, não se produziria a lesão. O acidente de trabalho "in itinere" é uma criação da jurisprudência dos anos 50 e 70 do século passado. A deslocação é, considerada aqui, um acto necessário para a prestação de trabalho, pelo que sem trabalho não existiria a deslocação e sem a deslocação não haveria acidente. Em 1964 a Convenção nº 121 da OIT, dispõe que todos os Estados membros deverão incorporar no seu ordenamento jurídico uma definição de acidente de trabalho, incluindo as condições pelas quais um acidente sofrido no trajecto para ou do trabalho seja considerado como um acidente de trabalho [20].

Para além das situações contempladas na legislação, alguns acidentes poderão ser sujeitos a uma análise mais aprofundada, no sentido de se apurar se o acidente é ou não acidente "in itinere". De uma maneira geral os acidentes de trabalho "in itinere" deverão cumprir quatro requisitos específicos, para poderem ser considerados como tal [20]:

- *Requisito tecnológico*: motivo ou causa da deslocação, iniciar ou finalizar o serviço e regresso ao domicílio, sem que exista interrupção por motivos pessoais (o essencial não é sair do domicilio, embora isto seja o mais corrente e ordinário; o essencial é ir ao local de trabalho ou retornar do local de trabalho. O nexo causal entre trabalho e lesão deve manter-se, para que seja considerado acidente de trabalho);
- *Requisito cronológico*: o acidente deve ocorrer num tempo imediato ou razoavelmente próximo da hora de entrada ou de saída do trabalho (também aqui o nexo causal entre trabalho e lesão deve estar presente, nomeadamente no sentido da interrupção, levando a que se permita pequenas interrupções para levar a cabo actos necessários do trabalhador ou de comportamento que não agravem o risco decorrente da deslocação);

- *Requisito topográfico*: utilização do trajecto adequado, isto é, o normal, usual ou habitualmente utilizado (não se considera que se utiliza o caminho habitual quando o acidente tem lugar numa localidade não situada no caminho normal. O acidente deve produzir-se no caminho habitual, ou seja, no trajecto que normalmente se utiliza desde o centro de trabalho até ao domicílio real, familiar, incluindo o domicílio das pessoas unidas afectivamente ao trabalhador);
- *Requisito modal ou mecânico*: o meio de transporte utilizado deve ser racional e adequado (o meio de transporte utilizado deve ser considerado normal ou habitual, incluindo o transporte público, os meios privados ou até o ir a pé, desde que não se rompa a relação causa-efeito por qualquer acto interruptivo, ao ir e ao voltar do local de trabalho).

Estes quatro requisitos deverão estar presentes de forma conjugada na análise de um acidente rodoviário, para se qualificar como acidente rodoviário de trabalho em trajecto ou "in itinere".

3.2. A Difusão do Conceito de Segurança Rodoviária Ocupacional e a Sua Promoção no Âmbito da Segurança e Saúde do Trabalho.

A utilização da estrada como local de trabalho é, em simultâneo, uma questão de Segurança Rodoviária e de Segurança e Saúde Ocupacional, dentro da estrutura legal internacional e nacional de Trânsito Rodoviário e de Segurança e Saúde do Trabalho. A necessidade de uma abordagem sistemática no âmbito dos programas nacionais de Segurança Rodoviária e de Segurança e Saúde Ocupacional começa a ser reconhecida em vários países [6].

No entanto, esta questão não é nova. Dada a sua dimensão quantitativa por um lado e por outro lado pela sua dimensão qualitativa, este fenómeno começa, talvez, a ser preocupante do ponto de vista da Segurança e Saúde do Trabalho. A maior preocupação será, sem dúvida, a constatação de que a transformação dos processos de trabalho e da organização do trabalho, hoje marcadamente diferenciado pela mobilidade e deslocalização dos centros de trabalho, não teve o acompanhamento da prevenção do risco profissional e da saúde do trabalho no sentido objectivo da prevenção do risco inerente à deslocação, por motivos profissionais. Por isso, a preocupação marcante, mesmo na abordagem proactiva da prevenção integrada que actualmente tenta impor-se, face às transformações dos processos de trabalho e da organização do trabalho, focaliza-se essencialmente nos aspectos centrais das tarefas e actividades e nos novos riscos emergentes, mas não valoriza a actividade da deslocação e condução como um aspecto do risco profissional existente na empresa. Esta actividade é encarada como um acto acessório, aliviada a sua carga psicológica de risco, pela responsabilidade pessoal e de obrigação legal inerente, concertada na permissão de condução e no Código da Estrada. O enfoque na Segurança Rodoviária Ocupacional, apenas tem alguma expressão na condução e transporte profissional. Mesmo aqui, é notória a marginalização dos aspectos essenciais do risco de condução, face às acções preconizadas a nível de prevenção de outros riscos conexos com o transporte em si e especificamente com a carga.

Ao considerar o sector de actividade e a ocupação do trabalhador, são os sectores de transportes e os condutores profissionais, aqueles que têm os índices de incidência de risco mais elevados. Esses trabalhadores estão mais expostos ao risco, medido em unidades de distância ou em tempo; a extrapolação linear simples dos índices de sinistralidade por quilómetro (0,204 por 100 milhões de km) ou por hora (0,336 falecidos por milhão de horas) coloca a profissão, em termos de índice de incidência, entre as de alto risco; um condutor que faça 100.000 km/ano terá um índice de incidência idêntico ao de um trabalhador na construção ou, alternativamente, um condutor que conduza uma média de 6 horas diárias terá um índice de incidência idêntico ao de um trabalhador da indústria extractiva [6].

De facto, a condução na estrada em situação de trabalho, pode ser encarada como um novo risco emergente, não sendo, de todo, uma situação desconhecida para o homem. As proporções dos acidentes tornam este fenómeno novo e preocupante para todos. Os acidentes "in itinere" e a acidentalidade rodoviária relacionada com o trabalho, não são somente o resultado ou a consequência única e unidireccional de circunstâncias comportamentais ou técnicas imputáveis à pessoa, ao veículo ou à estrada; interactuam com elas mas são, no fundo, o resultado de uma "situação de vida e trabalho", que constitui a imagem "não visível" das novas – e seguramente de sempre – condições de trabalho [21].

No entanto e pela análise das recentes estratégias europeias de saúde e de segurança no trabalho, prova-se a total marginalização do problema, por parte da Comissão Europeia e por parte dos órgãos competentes na matéria, ao nível da Europa. O facto da Comissão Europeia não tornar expressiva a questão da sinistralidade rodoviária de trabalho nos programas de estratégia global denota, em primeiro lugar, a ausência de informação pertinente sobre a questão, adiando assim a necessária sensibilização para o problema de forma emergente; em segundo lugar, ao não incentivar a sua investigação no campo dos riscos prioritários e emergentes, adia por mais algum tempo a "inscrição do tema" na agenda das necessidades de intervenção prioritárias das entidades e organismos com competências na área da Segurança e Saúde do Trabalho na Europa. Em comparação com outros riscos emergentes e como já foi demonstrado, a expressão da dimensão de perda social e económica da sinistralidade rodoviária, na sua vertente ocupacional, é demasiado expressiva e visível, obrigando mesmo a uma atitude mais objectiva pela Comissão Europeia no âmbito estratégico para a Segurança e Saúde do Trabalho, em parceria com as organizações ligadas à Segurança Rodoviária, nomeadamente o Observatório Europeu para a Segurança Rodoviária.

O enfoque utilizado na prática da prevenção dos riscos rodoviários de trabalho e a sua prevenção, centra-se essencialmente nas sinergias existentes entre a prevenção dos riscos rodoviários e a prevenção dos riscos laborais sendo que, no colectivo, os trabalhadores podem e devem beneficiar dessas sinergias.

Não sendo uma questão nova, a sinistralidade rodoviária de trabalho tornou-se, com o tempo, um novo fenómeno de sinistralidade laboral. A abordagem à sinistralidade rodoviária de trabalho, em matéria de risco profissional, começa essencialmente com as preocupações decorrentes dos sistemas de transportes terrestres profissionais, apontando para os problemas de segurança dos condutores de camiões e de autocarros. Em 1971, William Haddon, refere as preocupações com as estradas e com a inexistência de protecções exteriores através de *guarda rails* para os camiões, sendo seguido mais tarde com propostas de intervenção nas estradas, através das iniciativas de Baker e Baron que em 1976 propõem uma série de medidas básicas para a prevenção dos acidentes de trânsito dos condutores profissionais no American Journal of Public Health [8]. Esta primeira afirmação de interesse e de preocupação pelo problema não teve, ao longo dos anos que se seguiram, a atenção e o interesse da comunidade científica, nem das Administrações dos Estados, até praticamente aos nossos dias. Na década de noventa do século passado, alguns investigadores não deixaram que o problema passasse incólume, sendo mais activa a intervenção de investigação, com o consequente aparecimento de novos dados sobre a segurança rodoviária de trabalho. Dessa investigação resultam, claramente, trabalhos relativos a actuações preventivas dirigidas a colectivos específicos de condutores profissionais (estudos diversificados, nomeadamente epidemiológicos, do impacto do desenho das vias sobre os acidentes, da fadiga, do stress, das condições médicas dos condutores profissionais, dos horários de trabalho, do impacto das políticas da Administração e dos factores organizacionais das empresas), e outros trabalhos distintos dos anteriores, que começam a abordar a problemática com uma focalização integrada e mais ampla, incluindo os condutores não profissionais e os acidentes em trajecto.

A Convenção nº 155 da OIT, de 3 de Junho de 1981 sobre a segurança, a saúde dos trabalhadores e o ambiente de trabalho, vem marcar decisivamente o quadro de desenvolvimento da segurança e saúde do trabalho, alterando profundamente o relacionamento da prevenção dos riscos profissionais no seio dos estados e das empresas, a partir da implementação de políticas públicas e políticas de empresa, enquadradas numa gestão da Segurança e Saúde do Trabalho. Na Europa, em 1989, a Directiva – Quadro 89/391/CEE, de 12 de Junho, vem estabelecer para os estados da União Europeia, com base na Convenção nº 155 da OIT, uma plataforma comum e inovadora da Prevenção de Riscos Profissionais, estabelecendo os grandes princípios que devem reger as políticas de Segurança e Saúde no Trabalho, aos vários níveis. Desta nova filosofia resulta que a problemática da prevenção, na empresa, já não se pode confinar a determinados riscos específicos ou a determinados trabalhadores, devendo ser assumida globalmente quanto "a todos os aspectos relacionados com o trabalho", incluindo a interacção dos riscos e o conjunto dos factores psicossociais e deve ter como horizonte a promoção da melhoria da segurança, da saúde e do bem-estar dos trabalhadores [22].

Com o evoluir do desenvolvimento prático e implementação das medidas preconizadas nessa Directiva, em todos os países da União Europeia, salientando sempre o facto da prevenção se centrar em todos os aspectos relacionados com o trabalho e sobre todos os trabalhadores, parece abrir-se uma nova perspectiva para todos os factores condicionadores do desenvolvimento de melhores condições de segurança e de saúde no trabalho, de modo a que passem a ser alvo de uma atenção particular, nomeadamente o transporte e deslocação em trabalho. No entanto, a implantação desta nova filosofia de prevenção do risco profissional de que resulta a necessidade de se perspectivar a prevenção de acordo com uma abordagem global assente na gestão do risco profissional, demora a produzir efeitos práticos nos vários países; daí resulta um enorme desafio para as Administrações dos vários Estados, nomeadamente para os que apresentam um maior atraso na implementação de políticas sociais de trabalho.

A problemática da sinistralidade rodoviária de trabalho foi alvo de um maior interesse no final da década de 90 do século passado, sobretudo a partir do ano 2000, tanto no campo científico, como nas actuações das Administrações dos Estados, que estudam esta problemática e iniciam a adopção de medidas concretas.

Em termos históricos pode-se afirmar que são poucos os pontos comuns às duas perspectivas de segurança (rodoviária e laboral), no sentido da Segurança Rodoviária Ocupacional. Um dos pontos comuns do desenvolvimento técnico, tanto da Segurança Rodoviária, como da Segurança Laboral, está na estratégia conhecida pelos três e's da segurança. Esta estratégia foi aplicada à segurança rodoviária por S.J. Williams em 1927, embora a técnica dos três e's, segundo se pensa, tenha sido aplicada e desenvolvida por Julien Harvey, no campo da segurança industrial [8]. Segundo esta estratégia os acidentes podem ser prevenidos, através das intervenções de engenharia (*engineering*), de vigilância do cumprimento de normas (*enforcement*) e de formação (*education*). Esta estratégia foi muito bem acolhida nos dois campos da prevenção.

Durante muitos anos apenas o primeiro (medidas de engenharia), foi valorizado e, por isso, dominante relativamente aos outros e's, em ambas as perspectivas de segurança. No campo rodoviário assiste-se a um grande desenvolvimento marcado pelo investimento em vias rodoviárias, face ao aumento do número de veículos em circulação, por todo o mundo. No campo laboral e com o desenvolvimento da indústria, herdado da revolução industrial, foi nas condições de trabalho e na resposta às reclamações dos trabalhadores que mais investimento foi feito, no sentido da segurança laboral já que, com a utilização crescente das novas formas de energia na produção, ocorreu o rápido desenvolvimento das máquinas e equipamentos, que aumentaram a probabilidade de novos acidentes e doenças profissionais. Nesse sentido, inicia-se o estabelecimento de legislação de protecção no trabalho que impunha regras mais apertadas face aos novos riscos inerentes ao desenvolvimento industrial, bem como pelo aparecimento do regime de reparação pelas seguradoras, visando estabelecer a responsabilidade do empregador neste domínio. No seio da organização científica do trabalho do modelo taylorista, surge na década de 30 do século passado a publicação do livro – *industrial accident prevention* – de H.W. Heinrich, que entendia que os actos inseguros dos trabalhadores contribuíam para uma larga percentagem de acidentes (cerca de 85%), ficando os restantes (15%) a dever-se a condições de insegurança [23]. Esse livro haveria de marcar as décadas seguintes (a era do acto inseguro e das condições inseguras) e facilitar avanços significativos nas políticas de gestão da prevenção. Heinrich defendia que a maioria dos acidentes tinha origem na actividade dos trabalhadores, tomando esta asserção como ponto de partida para a abordagem que passou a defender: a formação dos trabalhadores, com vista à endogeneização de hábitos de segurança e a ênfase nas condições de trabalho [23]. Neste período, começa a olhar-se para os outros dois e's (vigilância e formação), no âmbito da segurança industrial, passando as ideias de Heinrich a fazer parte, também, do campo de intervenção da segurança rodoviária, à medida que os acidentes rodoviários começam a aumentar.

Na década de 60 do século passado produz-se um novo encontro das perspectivas comuns de actuação na Segurança Rodoviária e na Segurança Laboral, desta vez promovido pela segurança rodoviária. William Haddon, o primeiro director do National Highway Traffic Safety Administration dos Estados Unidos, apresentou uma nova teoria para o desenvolvimento de opções de prevenção para os acidentes, de uma forma geral. Estava enraizado, na sua visão, que os agentes que provocam lesões deveriam ser entendidos, em termos por si designados, de "energias". Deste modo, um dos aspectos chave da prevenção de lesões (danos), era impedir que essas energias perigosas entrassem em contacto com uma pessoa (ou objectos). Foram propostas dez estratégias alternativas para impedir esta transferência de energia [24]:

- Prevenir o aparecimento da energia perigosa, em primeiro lugar;
- Reduzir a quantidade de energia perigosa na fonte;
- Prevenir a transferência ou escape da energia perigosa existente;
- Modificar a velocidade ou distribuição espacial da transferência da energia perigosa, desde a sua fonte;
- Separar, no tempo ou no espaço, o perigo e aquilo que deve ser protegido;
- Separar o perigo e aquilo que deve ser protegido, através da interposição de uma barreira material;
- Modificar as superfícies de concentração de contacto do perigo;
- Tornar aquilo que deve ser protegido mais resistente ao dano;
- Limitar o dano que possa já ter ocorrido;
- Estabilizar, reparar e reabilitar o objecto do dano.

A matriz de Haddon (ver quadro 4) tornou-se uma excelente ferramenta para a prevenção e teve uma aceitação diversa na forma de prevenir os riscos rodoviários e os riscos laborais. Haddon propôs que a matriz fosse utilizada como uma lista de verificação para o desenvolvimento das medidas de prevenção, sendo que, cada célula representa uma estratégia separada de intervenção, podendo analisar-se as possíveis mudanças nas várias combinações entre homem, equipamentos e ambiente, antes, durante e após o acidente.

QUADRO 4 – Matriz de Haddon.

Factores/Fases	Humanos	Veículos e equipamentos	Ambiente
Pré-acidente			
Acidente			
Pós-acidente			

Fonte: Adaptado de Welander, Glen et al. [24]

Haddon propôs, também, uma terceira ferramenta conceptual para a prevenção, que envolve a dicotomia entre a prevenção activa e a prevenção passiva. Esta classificação das actividades de prevenção diz respeito à dimensão com que determinada medida requer a participação activa de uma pessoa, de modo a produzir-se um efeito, e (a outra face da moeda), a dimensão em que uma medida é construída, num meio, em consequência da negligência da acção humana. A prevenção activa pressupõe que uma pessoa, em cada ocasião, toma uma decisão, para utilizar um determinado procedimento ou dispositivo, tal como um cinto de segurança. Em contraste, um exemplo de um dispositivo de prevenção passiva é o air-bag, que foi construído para uma situação (neste caso, um veículo). Entre estes dois extremos existe uma continuidade de estratégias que pressupõem um envolvimento activo de alcance variado [24].

Esta terceira ferramenta conceptual de Haddon, deu um impulso importante ao desenvolvimento das medidas de protecção passiva e activa dos veículos automóveis. No entanto e embora a matriz de Haddon seja considerada como um marco de referência na Segurança Rodoviária, as autoridades não abandonaram a ênfase dada à vigilância, dado o papel predominante do comportamento do condutor na causalidade dos acidentes, valorizando o enfoque legal sobre o enfoque técnico, na hora de se estabelecer medidas.

Na Segurança Laboral as teorias de Haddon ainda têm uma grande aceitação, originando intervenções na prevenção baseadas nas condições de trabalho, dando lugar ao desenvolvimento de legislação, normas e guias de boas práticas, no sentido da prevenção do risco profissional. No entanto, em alguns países (por exemplo Inglaterra), embora a ênfase dada às condições de trabalho não tenha sido reduzida, estas teorias sofrem algumas modificações, nomeadamente na responsabilidade e na acção preventiva, em que os empregadores passam a ter o papel central da prevenção como responsáveis pela segurança e saúde dos trabalhadores e estes, como actores e protagonistas na acção preventiva, através da sua participação activa.

No último quarto do século passado, produziram-se algumas teorias que vieram alterar substancialmente o modo como a prevenção era conduzida, nos dois campos (Segurança Rodoviária e Segurança e Saúde do Trabalho), sendo que essas teorias constituem o seu último ponto comum e o mais recente. Introduziu-se, de forma significativa, o conceito da organização como sistema, sendo este o eixo central da prevenção. Este conceito é aquele que permanece nos nossos dias, no campo da prevenção dos riscos profissionais aplicado, primeiro nos países do Norte da Europa e só posteriormente em toda a União Europeia, com a promulgação da Directiva 89/391/CEE, documento que serve de referencial fundamental à política de gestão da Segurança e Saúde do Trabalho na empresa, revelando claramente uma natureza de metodologia de gestão da Segurança e Saúde do Trabalho.

Em 1974, Frank Bird Júnior apresentou uma actualização da teoria do dominó de Heinrich, desenvolvida mais tarde no International Loss Control Institute dos Estados Unidos. Segundo Bird, as causas imediatas dos acidentes, como os actos inseguros e as condições inseguras (de acordo com Heinrich), não podem ser apontadas como as principais causas dos acidentes. No fundo, as causas imediatas não são mais do que um sintoma de um problema mais profundo, que necessita de ser mais investigado.

A primeira sequência de factores explicativos do acidente, segundo Bird, está na falta de controlo/gestão, nomeadamente no planeamento, na organização, na liderança e no controlo de perdas, determinando, por isso, o desenvolvimento de programas articulados de segurança, sujeitos a avaliação. A nova definição sequencial da teoria do dominó de F. Bird evidencia a influência do plano de gestão na relação causa-efeito de todos os acidentes e, ao alargar o âmbito do conceito de acidente – não só os que originam lesões pessoais – situa e direcciona a acção preventiva, também para o conjunto de factores que ocasionam desperdício e ineficiência, numa organização produtiva [11].

Na mesma altura, em 1973, William Johnson publicou o método MORT (Management Oversight and Risk Tree). Este sistema foi inicialmente desenvolvido como um procedimento analítico que proporciona um método disciplinado para determinar as causas (a árvore de risco) e demais factores (omissões de gestão), que contribuíram para acidentes graves. Neste método, o factor primordial da prevenção centra-se no sistema e na sua gestão, sendo que o acidente coloca sempre em evidência uma falha na gestão. A focalização deste método para a gestão, permite distinguir três níveis de intervenção, quando se pretende desenvolver e melhorar a eficácia preventiva de um sistema. Esses três níveis são os seguintes: o nível de gestão da prevenção, através das intervenções realizadas no sentido de alterar a política, os procedimentos e a estrutura da organização; o nível técnico, considerado um subsistema com intervenções no sentido de alterar os recursos no posto de trabalho, incluindo os investimentos, as aquisições, as normas e os aspectos ergonómicos; e, por fim, o nível humano ou subsistema humano, com intervenções no sentido de alterar os conhecimentos, as competências, as atitudes, as motivações ou os comportamentos relacionados com a segurança. Neste método, qualquer intervenção em qualquer nível deve ter em conta o seu impacto nos outros níveis, nomeadamente em termos de compatibilidade entre os elementos do sistema e, no caso do sistema humano, a sua adaptação ao comportamento.

Na Segurança Rodoviária, a organização como sistema de gestão da segurança aparece mais tarde e a sua adopção ainda é muito precária nos diferentes países, nos dias de hoje. A Organização Mundial de Saúde, através do seu documento de informação lançado em 2004, com o lema "Preventing road traffic injury: A public health perspective for Europe", lança as bases para que a segurança rodoviária possa ser encarada como um sistema, aproveitando os desenvolvimentos técnicos e científicos que se vinham realizando nas últimas décadas, na área da prevenção de acidentes em termos globais.

O facto de existirem estratégias efectivas de prevenção torna a actual situação da sinistralidade rodoviária, inaceitável. O sucesso de alguns Estados Membros da OMS, na redução da mortalidade e lesões nas estradas, demonstra claramente que os recursos investidos, o forte compromisso político e a adopção de medidas compreensivas, podem trazer benefícios substanciais que são traduzidos em ganhos de saúde. Muito pode ser aprendido com estas experiências e abordagens inovadoras, que podem ser aplicadas e adaptadas em várias situações, em todas as regiões da Europa [5].

Esse documento emanado pela OMS, permite uma nova forma de ver a Segurança Rodoviária, na Europa. De uma forma geral, os utilizadores da estrada foram sempre comprometidos e responsabilizados pela segurança do sistema de transporte rodoviário. Consequentemente, as estratégias preventivas foram sempre directamente dirigidas para os seus comportamentos e para as suas competências, deixando que os outros componentes do sistema de transporte rodoviário tivessem um envolvimento separado, incluindo a legislação e a regulamentação, resultando daqui uma abordagem fragmentada da Segurança Rodoviária, na qual as diferentes medidas têm alvos diferenciados, nomeadamente os utilizadores, os veículos e a infra-estrutura, sem uma abordagem coerente e sistemática do problema.

Esta nova forma de pensar a Segurança Rodoviária, preconizada pela OMS, é protagonizada por seis vectores principais [5]:

1. A abordagem pelo sistema deve adoptar todos os elementos relacionados com a Segurança Rodoviária (os acidentes rodoviários resultam da combinação complexa de elementos que, adicionalmente com o comportamento do utilizador, incluem alguns factores que estão longe do seu controlo, como o fraco estado ou falha dos desempenhos do veículo e das infra-estruturas).

2. "Em primeiro lugar não trazer dano" (Juramento de Hipócrates) – Os factores sociais subjacentes à segurança rodoviária devem ser explícitos (o grau com que as estratégias de Segurança Rodoviária são implementadas nas várias sociedades, depende não só da sua capacidade e do seu nível de desenvolvimento económico e técnico, mas também dos seus valores sociais subjacentes). Na abordagem socioeconómica, Saúde e Segurança são meramente duas variáveis na equação, de modo a beneficiar a sociedade com uma melhor mobilidade e não dois parâmetros de governação da mobilidade.

3. " O homem como medida de todas as coisas" (Protágoras) – A resistência humana face às forças mecânicas deve estar no centro da Segurança Rodoviária (de acordo com esta abordagem, o factor-limite para um sistema de transporte rodoviário seguro, é a tolerância humana às for-

ças mecânicas. Quando a tolerância do corpo humano é excedida, um impacto pode resultar em lesão ou morte. Os componentes do sistema de transporte rodoviário – incluindo as infra-estruturas rodoviárias, veículos e sistemas de retenção – devem ser desenhados de forma a que possam estar ligados entre eles e acomodar possíveis erros).
4. Os sistemas rodoviários de transportes devem ser programados, tendo em atenção os erros humanos (as investigações levadas a cabo ao longo de vários anos confirmam que, embora com boa formação e educação, as pessoas estão prontas a cometer erros não intencionais ou intencionais no controle de um veículo. Desta forma, os acidentes não podem ser totalmente evitados. Como consequência, o erro humano deve ser programado e aplicado no sector rodoviário).
5. A Segurança Rodoviária é uma responsabilidade partilhada (aceitar que os erros humanos podem ocorrer e devem ser planeados de modo a implicar uma responsabilidade móvel dos utilizadores do sistema de transporte rodoviário, dos seus projectistas e responsáveis. Nesta abordagem, o utilizador da estrada é responsável pelo cumprimento das regulações de trânsito, enquanto que os projectistas do sistema e os seus fornecedores, onde se incluem os fabricantes de veículos, governos e corpos legislativos, são responsáveis pela entrega de um sistema que tolere os potenciais erros).
6. Desenvolver modelos de referência para sistemas de transporte seguros, implica a definição de critérios de segurança e a implementação de medidas para os conseguir (quando os critérios para sistemas rodoviários seguros forem apresentados, devem ser definidos os objectivos e os passos necessários para os alcançar).

Esta nova forma de pensar a Segurança Rodoviária foi adoptada por vários países, na Europa; salienta-se a Suécia, com o seu programa denominado "Vision Zero" aprovado pelo Parlamento Sueco em 1997; a Holanda, com o programa denominado "Segurança sustentável", desenvolvido a partir de 1992 e que, a partir de 1998, apresentou importantes objectivos de redução da sinistralidade laboral; a Inglaterra, com o programa "Estradas de amanhã: mais seguras para todos", adoptado no ano 2000.

Juntamente com as directrizes emanadas pela Directiva 89/391/CEE, a informação da Organização Mundial de Saúde para a Europa começa a ter repercussões, no sentido da prevenção dos riscos ocupacionais na estrada, já que vários países estão agora a adoptar algumas acções, a vários níveis, nomeadamente acções administrativas ou estruturais e acções de comunicação, que apontam no sentido de integrar a actividade da condução na gestão dos riscos profissionais, nas empresas.

"*São milhares de pessoas, milhões de horas perdidas, fortunas de trabalho e produtividade, atrasos infinitos, dezenas de acidentes e feridos, para não falar de nervos, zangas entre condutores e quezílias entre familiares do mesmo veículo. As imagens da televisão não são muito pitorescas. Parecem-se todas. Uma via vazia para cá, uma via cheia para lá, conforme as horas. O jogo consiste em tentar descobrir o local, dado que todas estas estradas, quando cheias de carros, se parecem. Às oito da manhã, nos acessos às cidades, está desenhado o retrato de um país desorganizado. Às oito da manhã, nos acessos às cidades, tem-se a imagem de um povo desprezado, eternamente atrasado e permanentemente ansioso. Às sete da tarde, nas saídas das cidades, vê-se o retrato de um povo desesperado e irremediavelmente cansado. Não há economista nem matemático capaz de calcular o desperdício que isto representa. Nem o prejuízo que causa à produtividade. Nem a destruição da criatividade*" [25].

Este texto, da autoria de um famoso sociólogo português, António Barreto, representa de forma dramática mas também de forma real e bem viva, a imagem dos sintomas dos riscos contidos no tráfego rodoviário e das suas possíveis consequências, não só ao nível dos acidentes rodoviários, mas também ao nível da génese de algumas doenças provocadas pelo trabalho, nomeadamente o stress.

O conceito do Risco Rodoviário Ocupacional, começa a fazer todo o sentido, face ao enorme desenvolvimento e crescimento dos sistemas de transporte rodoviários e a sua estreita relação com o desenvolvimento das novas formas de organização do trabalho, insuspeitas deste risco até há bem poucos anos.

O entendimento científico e a monitorização das áreas problemáticas – chave, soluções e seus efeitos na estrada e nas lesões devidas a acidentes rodoviários ocupacionais, no entanto são limitados e necessitam de um grande desenvolvimento futuro [6].

4.
Estado de arte da segurança rodoviária ocupacional

4.1. O Que se Sabe Sobre a Segurança Rodoviária Ocupacional

O que se sabe sobre a Segurança Rodoviária Ocupacional e sobre os acidentes rodoviários de trabalho? Sabe-se que é um problema global que afecta a sinistralidade rodoviária, na sua dimensão epidémica, a um nível elevado. Dada a importância do problema, a própria OMS preocupa-se com este fenómeno, revelando que os acidentes rodoviários são a principal causa de morte no local de trabalho, nos Estados Unidos, e que estes contribuem de forma substancial para a morte por acidente nas estradas, nas nações mais industrializadas. Na União Europeia, os acidentes rodoviários de trabalho e os acidentes rodoviários em trajecto, contribuíram para uma proporção ainda maior nos acidentes mortais no trabalho, com cerca de 41% em 1999 [26]. Na Austrália, entre 1989 e 1992, cerca de 23% das mortes relatadas em trabalho resultaram de acidentes rodoviários em missão e 26% das mortes por acidente de trabalho, resultaram de acidentes rodoviários em trajecto de e para casa [27]. Em Inglaterra, o acidente de trabalho na estrada é considerado como a primeira causa mortal no trabalho. Cerca de um terço de todos os acidentes rodoviários são considerados acidentes de trabalho na estrada [28]. Em França, os acidentes de trabalho na estrada também são considerados a principal causa de morte no meio profissional, bem como de lesões graves; estes acidentes representam cerca de 60% dos acidentes mortais no trabalho e de 20% dos acidentes com incapacidade permanente [29]. Em Portugal desconhece-se qualquer trabalho sobre os dados dos acidentes rodoviários de trabalho, excepto no tocante à sinistralidade profissional no sector dos transportes, que agrega também outros sectores como a logística e as comunicações.

Uma excelente forma de se conhecer o fenómeno da sinistralidade rodoviária de trabalho é através da pesquisa e da revisão bibliográfica sobre as intervenções nesta matéria em alguns países e a análise estatística deste fenómeno, se possível enquadrada na sinistralidade laboral. No entanto, nem todos os países fazem o tratamento estatístico da sinistralidade rodoviária de trabalho, sendo que, na maior parte das situações, pelo menos alguns dos dados disponíveis não são dados estatísticos oficiais, mas sim dados obtidos através de estudos e investigações sobre a matéria, o que dificulta assim a sua comparação relativa e até a extrapolação para situações concretas, como é o caso português.

Muitos países, não recolhem dados suficientes que permitam definir a extensão do problema. Apesar das mortes devidas a acidentes rodoviários de trabalho serem normalmente reportadas ao local de trabalho, poucos países da Europa registam o *"objectivo da viagem"* nos seus sistemas nacionais de registo de acidentes rodoviários, o que significa que o número total de acidentes e lesões que ocorrem durante as jornadas de trabalho, não são registados [6]. Embora os acidentes rodoviários de trabalho assumam, provavelmente, uma proporção substancial no total dos acidentes rodoviários em quase todos os países da Europa, a ausência de recolha de dados e do seu registo ao nível nacional, é o maior obstáculo para o conhecimento que é necessário ter para a acção preventiva.

Uma grande parte do tempo de gestão e do investimento, em segurança rodoviária em todo o mundo, foram aplicados em acções generalistas mas, até muito recentemente, pouca atenção foi dada às lesões de trabalho ocorridas na estrada. Nos últimos anos, vários estudos evidenciaram a extensão do problema da Segurança Rodoviária envolvendo pessoas conduzindo, como parte do seu trabalho [30].

Actualmente existem apenas alguns cruzamentos de dados, poucos e limitados, como por exemplo os que se verificam entre as estatísticas de Segurança Rodoviária e as admissões em hospitais, ou entre as estatísticas de Segurança e de Saúde do Trabalho e os dados recolhidos pelas seguradoras. Uma boa qualidade da informação relativa ao *"objectivo da viagem"* deve ser incluída, urgentemente, no processo de recolha de dados de Segurança Rodoviária, nos vários países, de modo a permitir identificar os acidentes com veículos ligeiros em trabalho, bem como os acidentes com veículos pesados [30]. Alguns países já incluem o *"objectivo da viagem"* nos seus sistemas nacionais de registo de acidentes rodoviários, como por exemplo a Inglaterra. Baseado nas recentes experiências realizadas em Inglaterra, o registo do *"objectivo de viagem"* requer uma detalhada sensibilização e um programa de formação completo para os oficiais de polícia que recolhem os dados na linha da frente [30].

De uma maneira geral prestou-se pouca atenção aquando da integração dos riscos dos acidentes rodoviários de trabalho, nas leis nacionais de Segurança e Saúde do Trabalho. Uma das principais consequências resultante do facto de se permitir que a lei sobre Segurança Rodoviária tenha primazia sobre a legislação de Segurança e Saúde do Trabalho, foi que sempre houve pouca motivação dos empregadores e das autoridades, em examinar as falhas registadas nos sistemas de gestão da Segurança e Saúde do Trabalho e que, de alguma forma, podem ter contribuído para os acidentes; a excepção diz respeito aos veículos pesados [31].

Uma revisão à actividade dos ingleses e dos australianos, no campo da prevenção, permitiu a identificação de dez barreiras que dificultam uma efectiva actuação na Segurança Rodoviária de Trabalho; são elas: a ausência de dados sobre o *"objectivo da viagem"*; a natureza dos procedimentos operacionais e das estruturas, a falta de comprometimento da gestão a nível superior; a fraca integração entre a segurança de frota e a Segurança e Saúde Ocupacionais; a confiança nos procedimentos de "concessão de condução"; a falta de investigação dos acidentes rodoviários; a falta de definições normalizadas e de convenções; uma resposta de preferência reactiva, face a uma resposta proactiva à prevenção; atitudes inflexíveis face à mudança e fraca gestão [6].

De acordo com um estudo sobre os acidentes rodoviários de trabalho e a sua prevenção, realizado em Espanha pelo Centro de Ergonomia e Prevenção da Universidade Politécnica da Catalunha, em 2006, nos últimos seis anos tanto os acidentes rodoviários, como os acidentes laborais, apresentaram trajectórias contidas e até uma diminuição no seu valor numérico, particularmente no que se refere aos acidentes mortais. No entanto, os acidentes rodoviários de trabalho apresentaram uma tendência crescente, de cerca de 4,6% ao ano no total e de cerca de 0,9% ao ano no caso dos acidentes mortais [8]. Esta tendência foi, de um modo geral, confirmada pelo Observatório Europeu para a Segurança Rodoviária (ERSO), no relatório de 2009 sobre segurança rodoviária de trabalho, na Europa; nesse relatório afirma-se que poucos países da UE deram passos seguros e significativos no sentido da investigação e encaminhamento do problema, de uma forma sistemática, tal como são poucos os que têm uma actividade preventiva sobre a segurança dos acidentes rodoviários de trabalho, nas suas estratégias nacionais de segurança rodoviária.

Os acidentes rodoviários de trabalho não abrangem um grupo homogéneo de situações; pelo contrário, eles tomam várias formas, circunscrevem o uso de vários tipos de veículos utilizados com objectivos diversos e incluem também sub grupos especiais de situações de trabalho na estrada ou próximo dela [28]. Esta heterogeneidade de situações, algumas com uma razoável complexidade no processo de trabalho, coloca uma grande dificuldade à recolha de dados sobre a sinistralidade laboral.

Um estudo de David Clarke, Craig Bartle e Wendy Truman, realizado em 2005, sobre os acidentes rodoviários de trabalho, em Inglaterra, sugere a utilização de seis categorias principais de acidentes, em função do tipo de veículo utilizado. Segundo o estudo, esta classificação cobre cerca de 88% das situações; nela incluem-se os automóveis das empresas, os veículos ligeiros de carga, os camiões e outros veículos pesados de mercadorias, os autocarros e grandes veículos para o transporte de pessoas, os táxis e os veículos de emergência. Dois sub-grupos de menor expressão foram individualizados em duas categorias, que cobrem os restantes 12% das situações; aí incluem-se os trabalhadores que desempenham a sua função na via pública ou próximo dela e os trabalhadores que usam diversos tipos de veículos (como por exemplo máquinas de construção ou tractores agrícolas).

A expressão maior do conhecimento global sobre a sinistralidade rodoviária de trabalho, talvez esteja condensada no relatório preparado pelo Dr. Will Murray, publicado em 2007, sobre a visão global da Segurança Rodoviária em Trabalho; trata-se de um projecto do Departamento de Saúde e Serviços Humanos do NIOSH[18], onde se podem constatar, a breve trecho, as seguintes conclusões [30]:

1. A Segurança Rodoviária Ocupacional, a segurança de frota e a gestão dos Riscos Rodoviários Ocupacionais, estão a tornar-se mais "maduras" em certos países, à medida que investigadores, organismos ligados à indústria e agências governamentais, compreendem a extensão do problema e algumas boas investigações e práticas começam e emergir.
2. Apesar da escala do problema, a Segurança Rodoviária Ocupacional aparece apenas no "radar da segurança rodoviária" em algumas jurisdições, mas a extensão completa do problema permanece relativamente desconhecida.
3. A extensão do problema, por vezes aparece, pelo menos parcialmente, em diversos dados, incluindo de transporte, de Segurança e Saúde Ocupacionais, de indemnizações salariais por acidente, de saúde e de seguros. Toda esta informação tem algum potencial, mas é bastante limitada, por várias razões.
4. Muitos países não aparentam ter uma definição oficial de acidente rodoviário ocupacional ou de trabalho e, naqueles que possuem essa definição, existe um consenso limitado sobre o que é uma questão de transporte ou uma questão de gestão da Segurança e Saúde do Trabalho. Isto significa que é necessário mais trabalho para clarificar o alcance da Segurança Rodoviária Ocupacional, para a incluir como uma questão

---

[18] NIOSH – National Institute for Occupational Safety and Health.

de transporte e como uma questão de Segurança e Saúde do Trabalho, simultaneamente.
5. Recentemente, vários países clarificaram que o veículo é classificado como fazendo parte do local de trabalho, embora a sua aplicação continue num nível relativamente baixo. Este é um passo importante porque, mesmo que a Segurança Rodoviária Ocupacional não seja necessariamente, uma questão prioritária em segurança e saúde ocupacionais, para as agências governamentais e regionais de transportes essa importância aumentou substancialmente nos anos mais recentes, permitindo que o potencial de alcance global da redução das fatalidades e lesões na estrada seja melhor entendido.
6. Algumas agências governamentais focalizaram as suas iniciativas em programas básicos de educação, voluntários, que atingiram as organizações industriais mais proactivas; no entanto, vários participantes nesta investigação indicaram que é necessária uma aplicação efectiva, para que a maioria das organizações tenham acção e iniciativa. As agências governamentais devem aplicar as boas práticas e devem liderar, através do seu exemplo, de modo a facultarem uma maior credibilidade aos programas que encorajam, para poderem ser adoptados por outras organizações.
7. Apesar da emergência das boas práticas na indústria, ainda existe uma informação limitada sobre a forma ideal de melhorar a Segurança Rodoviária Ocupacional e de como esta deve ser consolidada, implementada, sustentada e avaliada. Até à data, muitos desses programas aparentam ter sido operados de forma isolada, muitas vezes liderados por indivíduos dedicados e por organizações ou grupos que identificaram a extensão do problema e que procuraram, sozinhos, os caminhos para os resolver.

4.2. Dados Estatísticos e Estratégias de Prevenção

Neste ponto relativo ao estado de arte da Segurança Rodoviária Ocupacional, serão apresentados alguns dados estatísticos sobre a sinistralidade rodoviária ocupacional (revistos à data de realização desta publicação), em alguns países onde a preocupação e o conhecimento sobre o problema se encontram mais desenvolvidos. Alguns desses dados são estatísticas oficiais, e outros são dados obtidos através de diversos estudos de investigação realizados por diversas entidades com interesse no problema da sinistralidade rodoviária ocupacional.

Para além dos dados estatísticos, apresentam-se também as estratégias desses países para a prevenção dos riscos rodoviários ocupacionais, nomeadamente ao nível da administração pública, dos organismos de prevenção dos riscos profissionais e da segurança e saúde do trabalho, dos organismos de prevenção dos acidentes rodoviários e da Segurança Rodoviária, das associações privadas, etc. Ver-se-á como esses países coordenam os seus esforços, de modo a melhor prevenir esses riscos e que resultados foram obtidos.

De alguma forma, esses dados já permitem, focalizar o problema na sua amplitude quantitativa e na sua dimensão qualitativa, bem como os constrangimentos e acções realizadas na sua prevenção, ao nível global.

4.2.1. Portugal

Em Portugal sabe-se muito pouco sobre o fenómeno da sinistralidade rodoviária ocupacional. Portugal não possui um referencial estatístico que permita informar sobre o problema, que permita agir e que permita comparar, com os dados existentes no exterior. Sabe-se muito pouco sobre a dimensão deste fenómeno no nosso país, mas sabe-se que ele existe.

No tratamento estatístico da sinistralidade laboral realizado pelo GEP – Gabinete de Estratégia e Planeamento, do Ministério do Trabalho e da Solidariedade Social, os acidentes de viagem, de transporte ou de circulação, durante uma deslocação em serviço e os acidentes de viação registados durante o tempo de trabalho, são agregados aos demais acidentes de trabalho, não existindo um tratamento desagregado destes dados. No entanto, ao analisar alguns dos dados da sinistralidade laboral publicados pelo GEP, baseando essa análise, nos indicadores estatísticos dos anos de 2006 e de 2007, revelam--se alguns indicadores cruciais para o conhecimento geral deste problema mostrando, sem dúvida, a necessidade urgente de se conhecer com mais pormenor o fenómeno da sinistralidade rodoviária ocupacional, em Portugal.

Um desses indicadores, apresentados na estatística da sinistralidade laboral do GEP, refere-se ao tipo de local onde ocorreu o acidente de trabalho. O local público, onde se insere a rede viária e onde estão incluídos os acidentes de trabalho de viação ocorridos durante o tempo de trabalho, apresenta valores bastante elevados, nomeadamente quanto ao número de acidentes mortais, que representaram cerca de 30,4% do total dos acidentes mortais em 2006 e cerca de 33% em 2007 (ver quadro 5 e 6). É evidente, aqui, a gravidade revelada por estes indicadores, nomeadamente o aumento do número de acidentes mortais em via pública (de 77 mortos para 91 mortos), acompanhando a tendência reflectida neste período de um aumento na sinistralidade laboral mortal. De referir que no ano de 2003 o número de acidentes mortais em via pública foi de 91 mortos ou seja cerca de 29% do total de acidentes mortais nesse ano.

QUADRO 5 – Acidentes de trabalho, segundo o tipo de local. Portugal 2006

Tipo de local	Total	Mortais	Não Mortais
TOTAL	237 392	253	237 139
Zona industrial	99 261	34	99 227
Estaleiro, construção, pedreira, mina a céu aberto	53 334	77	53 257
Área de agricultura, produção animal, piscicultura, zona florestal	6 902	19	6 883
Local de actividade terciária, escritório, entretenimento, diversos	34 848	7	34 841
Estabelecimento de saúde	5 451	0	5 451
Local público	15 636	77	15 559
Domicílio	2 388	1	2 387
Local de actividade desportiva	947	0	947
No ar, em altura - excl. estaleiros	5 257	11	5 246
Subterrâneo - excl. estaleiros	102	1	101
Sobre a água - excl. estaleiros	2 051	16	2 035
Em meio hiperbárico - excl. estaleiros	0	0	0
Outro tipo local não referido nesta classificação	0	0	0
Nenhuma informação	11 215	10	11 205

Fonte: GEP [32]

QUADRO 6 – Acidentes de trabalho, segundo o tipo de local. Portugal 2007

Tipo de local	Total	Mortais
TOTAL	237 409	276
Subtotal	225 662	272
Zona industrial	102 353	27
Estaleiro, construção, pedreira, mina a céu aberto	48 952	105
Área de agricultura, produção animal, piscicultura, zona florestal	6 103	10
Local de actividade terciária, escritório, entretenimento, diversos	36 944	8
Estabelecimento de saúde	5 820	0
Local público	14 948	91
Domicílio	1 983	0
Local de actividade desportiva	1 683	0
No ar, em altura - com exclusão dos estaleiros	5 187	23
Subterrâneo - com exclusão dos estaleiros	42	2
Sobre água - com exclusão dos estaleiros	1 647	6
Em meio hiper-bárico - com exclusão dos estaleiros	0	0
Outro tipo de local não referenciado nesta classificação	0	0
Nenhuma informação	11 747	4

Fonte: GEP [33]

Outro dos indicadores importantes a reter, é o relativo aos acidentes de trabalho segundo o agente material associado ao desvio que levou ao acidente, nomeadamente os veículos terrestres. Neste caso e como se pode ver pelos quadros 7 e 8, respeitantes aos anos de 2006 e de 2007 respectivamente, os veículos terrestres estiveram na origem do maior número de acidentes de trabalho mortais, representando cerca de 28% do total de acidentes mortais em 2006 e cerca de 25,4% desses acidentes em 2007. Ao relacionar o número de acidentes de trabalho mortais em cada agente material com o total de acidentes de trabalho, embora a maioria dos acidentes tenha envolvido "Materiais, objectos, produtos, componentes de máquinas-estilhaços, poeiras", os acidentes mortais envolvendo "Veículos terrestres" assumem o maior peso, reflectindo uma maior gravidade [33].

QUADRO 7 – Acidentes de trabalho, segundo o agente material associado ao desvio. Portugal 2006

Agente material associado ao desvio	Total (v.a)	Total (%)	Mortais (v.a)	Mortais (%)
TOTAL	237 392	100,0	253	100,0
Edifícios, construções, superfícies - ao nível do solo	36 947	15,6	17	6,7
Edifícios, construções, superfícies - acima do solo	20 183	8,5	24	9,5
Edifícios, construções, superfícies - abaixo do solo	225	0,1	1	0,4
Dispositivos de distribuição de matéria, de alimentação, canalização	1 240	0,5	0	0,0
Motores, dispositivos de transmissão de energia e de armazenamento	1 336	0,6	6	2,4
Ferramentas manuais - não motorizadas	16 295	6,9	1	0,4
Ferramentas sustidas ou conduzidas manualmente - mecânicas	6 819	2,9	0	0,0
Ferramentas manuais - sem especializações quanto à motorização	847	0,4	1	0,4
Máquinas e equipamentos - portáteis ou móveis	1 903	0,8	14	5,5
Máquinas e equipamentos - fixos	12 964	5,5	10	4,0
Dispositivos de transporte e armazenamento	20 407	8,6	23	9,1
Veículos terrestres	7 375	3,1	71	28,1
Outros veículos de transporte	818	0,3	14	5,5
Materiais, objectos, produtos, compon. de máquina - estilhaços, poeiras	63 761	26,9	20	7,9
Substâncias químicas, explosivas, radioactivas, biológicas	5 234	2,2	4	1,6
Dispositivos e equipamentos de segurança	174	0,1	0	0,0
Equip. escritório e pessoais, mater.de desporto, armas, equip. doméstic	4 856	2,0	2	0,8
Organismos vivos e seres humanos	4 633	2,0	5	2,0
Resíduos diversos	2 877	1,2	8	3,2
Fenómenos físicos e elementos naturais	491	0,2	3	1,2
Outros agentes materiais não referenciados nesta classificação	0	0,0	0	0,0
Nenhum agente material ou nenhuma informação	28 007	11,8	29	11,5

Fonte: GEP [32]

QUADRO 8 – Acidentes de trabalho, segundo o agente material associado ao desvio. Portugal 2007

Agente material associado ao desvio	Total	Mortais
TOTAL	**237 409**	**276**
Subtotal	209 814	239
Edifícios, construções, superfícies - ao nível do solo	33 522	10
Edifícios, construções, superfícies - acima do solo	19 011	57
Edifícios, construções, superfícies - abaixo do solo	140	0
Dispositivos de distribuição de matéria, de alimentação, canalização	1 550	0
Motores, dispositivos de transmissão de energia e de armazenamento	1 165	8
Ferramentas manuais - não motorizadas	16 730	1
Ferramentas sustidas ou conduzidas manualmente - mecânicas	7 109	0
Ferramentas manuais - sem especializações quanto à motorização	1 091	0
Máquinas e equipamentos - portáteis ou móveis	1 721	16
Máquinas e equipamentos - fixos	12 256	7
Dispositivos de transporte e armazenamento	23 271	19
Veículos terrestres	7 583	70
Outros veículos de transporte	691	7
Materiais, objectos, produtos, compon. de máquina - estilhaços, poeiras	65 140	16
Substâncias químicas, explosivas, radioactivas, biológicas	5 283	6
Dispositivos e equipamentos de segurança	194	0
Equip. escritório e pessoais, mater.de desporto, armas, equip. doméstico	5 344	0
Organismos vivos e seres humanos	5 174	8
Resíduos diversos	1 980	12
Fenómenos físicos e elementos naturais	853	2
Outros agentes materiais não referenciados nesta classificação	6	0
Nenhum agente material ou nenhuma informação	27 595	37

Fonte: GEP [33]

A partir de todos os dados já referidos, podemos concluir que:

- A sinistralidade laboral em via pública, onde se insere a rede viária, necessita de uma análise mais profunda, partindo da desagregação dos dados existentes, sendo bastante importante a tipificação dos locais da via pública onde ocorreram os acidentes;
- Os veículos terrestres como agente material associado ao desvio que provocou o acidente de trabalho, apresentam o maior índice de sinistralidade mortal. Também neste caso é necessária uma análise mais profunda dos elementos existentes, partindo de dados desagregados e tipificando, se possível, o tipo de veículo envolvido no acidente e o seu contexto (missão ou actividade profissional, em trajecto);
- Embora os indicadores estatísticos de sinistralidade laboral existentes, à data desta publicação, não sejam objectivos quanto ao fenómeno da sinistralidade rodoviária laboral, já permitem, tal como foi exposto, uma reflexão crítica acerca do problema, uma vez que esses dados direccionam

os valores possíveis da sinistralidade rodoviária em trabalho, em Portugal, para um nível possivelmente idêntico ao de outros países da Europa.

4.2.2. Alemanha

Na Alemanha, o risco rodoviário é também reconhecido como um risco laboral, de inequívoca importância no seio da actuação das agências governamentais do âmbito da Segurança Rodoviária e também da Segurança e Saúde do Trabalho. A legislação alemã sobre Segurança e Saúde do Trabalho baseia-se na transposição em 1996 da Directiva 89/391/CEE, de 12 de Junho. Nesse pressuposto, a legislação obriga os empresários a assegurar a Segurança e a Saúde dos seus trabalhadores, também nos casos dos possíveis acidentes rodoviários; por isso os empresários são obrigados a organizar o trabalho de modo a atenderem, também, a este risco.

Neste país, a sinistralidade rodoviária tem vindo a decrescer de forma quase exponencial, fruto de uma acção concertada entre o organismo oficial da Segurança Rodoviária (*Deutscher Verkehrssicherheitsrat*, DVR-Conselho de Segurança Rodoviária Alemã) e a Federação Alemã de Mutuas (*Hauptverband der Gwerblichen Berufsgenossenschaften*, HVBG). De acordo com as estatísticas oficiais publicadas pelo Instituto Federal de Investigação do Transporte por Estrada (*BAST – Bundesanstalt fur Strabenwesen*), organismo que depende do Ministério Alemão dos Transportes, as mortes por acidente rodoviário que em 1991 representavam cerca de 11.300 pessoas, passaram para cerca de 5091 pessoas em 2006, enquanto o número de pessoas lesionadas em acidentes rodoviários passaram das 505.535 pessoas em 1991, para cerca de 422.337 pessoas em 2006.

No que diz respeito à sinistralidade laboral, desde os anos 80 que a importância dos acidentes rodoviários de trabalho é reconhecida neste país, embora só a partir de 1996, com a transposição da Directiva 89/391/CEE, de 12 de Junho, se obrigue os empregadores a organizar o trabalho de modo a reduzir, ao máximo, os riscos para a vida e saúde dos trabalhadores, incluindo os riscos rodoviários ocupacionais. As entidades que merecem maior destaque na promoção da prevenção dos riscos profissionais, junto dos empregadores, são as Mutuas dos seguros obrigatórios de acidentes e prevenção para o comércio e a indústria (*Berufsgenossenschften*, BG). Estas Mutuas operam em função do sector de actividade económica, sendo que os empregadores são membros da mútua que lhe corresponde, em termos de actividade económica, contribuindo com um determinado valor. Os valores com que cada empresário deve contribuir são calculados em função da sua eficácia em matéria preventiva, sendo a cobertura dos riscos profissionais muito completa, incluindo os acidentes laborais e as doenças profissionais, bem como os acidentes em trajecto. Para estes organismos, o risco rodoviário ocupacional inclui-se nestas disposições, tendo presente a necessidade de colaborar com os empregadores no sentido da sua prevenção.

Em 2007 a Federação Alemã de Mutuas (HVBG) fundiu-se com a Federação das Empresas de Seguros de Acidentes (Bundesverband der Unfallkassen – BUK), dando origem ao Deutsche Gesetzliche Unfallversicherung Spitzenverband (DGUV/HVBG), organização líder oficial nos seguros de acidentes alemão. Resultado desta fusão modifica-se a população de referência estatística, provocando uma ruptura de série mas ao mesmo tempo aumentando a capacidade de melhoria e fidelidade dos indicadores estatísticos de sinistralidade.

Oficialmente as estatísticas sobre a sinistralidade rodoviária em missão de trabalho não eram divulgadas de modo desagregado. No entanto, em 2008 foram divulgados os dados estatísticos comparativos da sinistralidade laboral geral com a sinistralidade rodoviária laboral e com a sinistralidade rodoviária laboral em trajecto, desde o ano 2000 até ao ano de 2006, fruto do trabalho da DGUV/HVBG (ver figuras 4, 5 e 6).

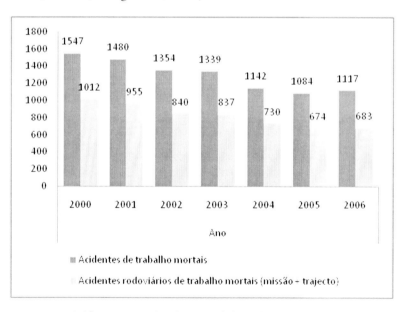

FIGURA 4 – Gráfico comparativo do nº total de acidentes de trabalho mortais e do total de acidentes rodoviários de trabalho mortais (missão + trajecto). Alemanha 2000 a 2006. Fonte: Adaptado de EUROGIP [34].

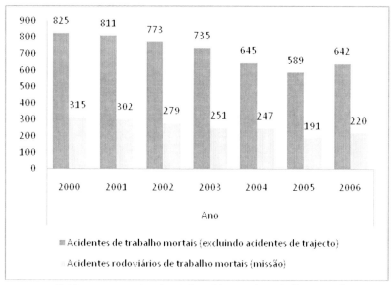

FIGURA 5 – Gráfico comparativo do nº de acidentes de trabalho mortais, excepto acidentes de trajecto e do nº total de acidentes rodoviários de trabalho mortais em missão. Alemanha 2000 a 2006. Fonte: Adaptado de EUROGIP [34].

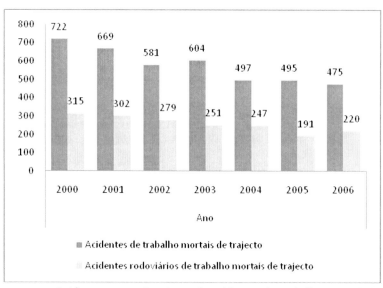

FIGURA 6 – Gráfico comparativo do nº de acidentes de trabalho mortais de trajecto e do nº total de acidentes rodoviários de trabalho mortais de trajecto. Alemanha 2000 a 2006. Fonte: Adaptado de EUROGIP [34].

Como se pode depreender pela análise destes valores, a percentagem dos acidentes rodoviários de trabalho mortais (em missão e em trajecto) – variando entre 61,1% e 65,4% ao longo dos sete anos representados – relativamente ao número total de acidentes de trabalho mortais, tem um peso bastante grande na sinistralidade laboral mortal, sendo compreensível a preocupação alemã, relativamente a este problema, nomeadamente das instituições seguradoras de acidentes (ver figura 4).

Desagregando estes dados, nomeadamente ao nível da tipologia dos acidentes, retirando o valor relativo ao total de acidentes de trabalho de trajecto mortais ao valor total dos acidentes de trabalho mortais (ver figura 5), constata-se que a percentagem dos acidentes rodoviários de trabalho mortais – variando entre 32,4% e 38,2% ao longo dos sete anos ilustrados – relativamente ao número total de acidentes de trabalho mortais, excepto acidentes de trajecto, é também preocupante e possui um peso significativo relativamente ao total de acidentes de trabalho mortais. Esta preocupação acentua-se quando se observam os dados relativos à percentagem dos acidentes rodoviários mortais de trajecto relativamente ao total de acidentes de trabalho mortais de trajecto (ver figura 6), concluindo-se que estes acidentes de trabalho representam, sem dúvida, a maior fatia do problema dos acidentes de trajecto, com percentagens que variaram entre os 38,6% e os 43,6%, ao longo dos sete anos representados no trabalho desenvolvido pelo DGUV/HVBG em 2008.

Ao nível da prevenção, as Mútuas ou BG, em cooperação com o Conselho de Segurança Rodoviária Alemão ou DVR, desenvolveram uma série de programas para auxiliar os empresários na sua tarefa de integrar a avaliação dos riscos rodoviários na organização do trabalho e fomentar a cultura de comportamentos responsáveis, no âmbito da Segurança Rodoviária Ocupacional. Destas iniciativas conjuntas, destaca-se o programa " A segurança em todas as estradas", que visou a motivação e a implicação da direcção das empresas e dos seus trabalhadores, na prevenção dos acidentes rodoviários enquanto trabalho. Este programa, foi na altura, adaptado aos vários sectores específicos de cada Mútua, e assentava em quatro pilares fundamentais [8]:

- **Continuidade:** cada programa propunha soluções pontuais, sendo assim de duração ilimitada; o êxito de cada programa só seria reconhecido se a segurança fizesse parte integrante da empresa.
- **Respeito pelas características da empresa:** a experiência existente na empresa era aproveitada, tomando conta de distintos parâmetros como a dimensão da empresa, a cooperação entre a direcção e os trabalhadores, o estilo de direcção, o ambiente de trabalho, o nível de qualificação dos agentes envolvidos e as experiências precedentes de aplicação de programas de assistência.

- **A aplicação de um método:** que integrasse os aspectos de segurança desde o início e procedesse de maneira progressiva, aspirando a resultados concretos e permitindo tratar os problemas em detalhe, sem perder de vista o conjunto.
- **A participação:** reforçando o compromisso e a responsabilidade dos agentes envolvidos (empresários e trabalhadores).

Este programa baseado na grande liberdade de escolha dos temas por parte das empresas, teve em atenção as suas necessidades específicas – sendo esta uma das características relevantes do programa – a sua estrutura modular e a adequação ao sector em causa. Os elementos que podiam compor o programa, iam desde manifestações pontuais até à própria formação em segurança ou consultoria específica. Na maior parte das situações, foram as próprias Mútuas que assumiram a totalidade do custo inerente à aplicação destas medidas.

4.2.3. Austrália

Na Austrália, a legislação em matéria de prevenção de riscos laborais obriga o empregador, independentemente da sua dimensão, a assegurar que os seus trabalhadores não são expostos aos perigos no local de trabalho (*The Occupational Safety and Health Act – 1984*). Os trabalhadores devem também atender, de forma razoável, à sua segurança e saúde, bem como à segurança e saúde dos outros trabalhadores no trabalho. Esta lei obriga o empregador a providenciar [35]:

- Locais de trabalho seguros, instalações de trabalho seguras e sistemas de trabalho seguros;
- Informações de segurança, formação, treino e supervisão.

A Austrália é considerada o país líder quanto à utilização de sistemas de gestão da prevenção de riscos laborais, embora não se exclua a obrigatoriedade do cumprimento da legislação. Quando um trabalhador utilizar um veículo motorizado no trabalho, este é considerado como um local de trabalho [35]. No local de trabalho, os empregadores devem providenciar as acções necessárias em Segurança e Saúde do Trabalho, que possam estar sob o seu controle. Isto quer dizer que o empregador deve estar atento aos potenciais riscos de lesões no trabalho e agir no sentido de os remover. No contexto da Segurança Rodoviária, o empregador deverá assegurar-se que os seus veículos estão nas melhores condições mecânicas, que os seus programas de deslocações propiciam o tempo suficiente para a realização de viagens seguras, bem como assegurar a necessária formação e treino em condução, aplicando-os não só aos trabalhadores cuja função principal é a condução, mas também àqueles que conduzem ocasionalmente no quadro das suas funções [35].

Neste país os acidentes rodoviários são a causa mais comum de mortes, lesões e absentismo no trabalho; os índices de tempo perdido por acidente rodoviário são maiores do que qualquer outros índices subjacentes a outras causas. Os acidentes rodoviários contabilizaram, entre 1989 e 1992, cerca de metade dos acidentes de trabalho mortais [36]. Durante este período, cerca de 541 pessoas morreram em acidentes rodoviários de trabalho, enquanto 628 pessoas morreram no trajecto de casa para o trabalho e vice-versa, correspondendo a 23% e 26% respectivamente, relativamente ao número total de acidentes de trabalho mortais; em conjunto, representam quase metade do total dos 2389 mortos em acidentes de trabalho, ocorridos nesse período [36].

Como guia para demonstrar a dimensão do problema, o *Work Cover Western Austrália* (WCWA), examinou os dados relativos ao período entre 1998 e 2002, relativamente aos acidentes rodoviários na Austrália Ocidental, demonstrando que, em média, morreram cerca de 13 pessoas por ano em acidentes rodoviários relacionados com o trabalho, sendo que, em 2001, a percentagem de acidentes rodoviários mortais de trabalho representou cerca de 65% do total de acidentes de trabalho mortais [35]. No entanto, o problema é certamente maior do que estes números revelam, porque os acidentes rodoviários fatais apenas são incluídos nos dados, quando existe uma clara relação entre o acidente e o trabalho realizado pelo trabalhador falecido; além disso, os trabalhadores do Governo da Commonwealth, os trabalhadores independentes e outros trabalhadores, não são incluídos no WCWA [35].

Em 1999, o governo da Austrália Ocidental concertado com o *Road Safety Council*, fez uma aproximação à promoção da Segurança Rodoviária Ocupacional, criando o *"Workplace Road Safety Task Force"*, unindo esforços entre o governo e os representantes da indústria. Esta *task force*, era composta por especialistas no campo da Segurança Rodoviária e por altos responsáveis de organizações com compromissos na Segurança Rodoviária Ocupacional. Desenvolveram a promoção da Segurança Rodoviária Ocupacional através das ligações do governo aos vários membros da *task force*, liderada por um dos maiores "capitães da indústria" australiana, Brian Bradley. Como resultado do seu trabalho, esta *task force* editou em 2001 um guia denominado *"Road Safety in the Workplace for Company Cars and Light Vehicles"*, contendo informação variada que resultou do seu trabalho; dessa informação destacam-se dados dos acidentes rodoviários de trabalho, referências legais assentes no *Occupational Safety and Health Act 1984*, relacionadas com o risco rodoviário de trabalho, bem como elementos genéricos da Segurança Rodoviária Ocupacional, incluindo um modelo de aproximação para a prevenção dos riscos rodoviários ocupacionais e vários casos de estudo em distintas companhias, destacando-se a "Telestra", líder das companhias de telecomunicações australianas.

Um segundo documento publicado mais tarde, em 2003, denominado, *"Road Safety in the workplace. A road safety manual for Al employers. Seven steps to safer use of company cars and light vehicles"*, enfatiza os elementos genéricos da prevenção dos Riscos Rodoviários Ocupacionais, aprofundando os sete elementos listados no guia anterior, fornecendo um novo guia para as melhores práticas, bem como uma informação adicional sobre os recursos necessários para o desenvolvimento desses sete elementos da prevenção: política da empresa para a segurança rodoviária, selecção do pessoal, programa de admissão e acompanhamento do pessoal, selecção e manutenção dos veículos, envolvimento nos acidentes com veículos, incentivos e desincentivos, treino e formação.

O governo da Nova Gales do Sul encetou, no ano 2000, uma ambiciosa campanha de segurança rodoviária, denominada *"Road Safety 2010 - A Framework for Saving 2000 Lives by the Year 2010 in New South Wales"*, onde afirmava o compromisso em fazer das estradas da Nova Gales do Sul, as estradas mais seguras do mundo, com o objectivo de diminuir em cerca de 2000, as mortes e os índices de sinistralidade mortal rodoviária, nesta região, até ao ano de 2010 [37]. Esta iniciativa levou a comunidade a envolver-se nos programas e estratégias da Segurança Rodoviária, sendo que os empregadores foram encorajados a implementar programas activos de Segurança Rodoviária Ocupacional, bem como politicas que tivessem em atenção os acidentes rodoviários ocupacionais e as suas lesões.

O *Roads and Traffic Authority* (RTA), identificou a condução em trabalho como uma área – chave, através da qual a sinistralidade rodoviária poderá ser substancialmente reduzida. Sob a estratégia definida no *"Road Safety 2010"*, a promoção de um trabalho seguro nas práticas de condução, ajudará a reduzir a sinistralidade rodoviária na globalidade e providenciará grandes benefícios para as organizações, ao considerar a Segurança e Saúde no Trabalho, reduzindo também custos para a organização. Das iniciativas do RTA para a Segurança Rodoviária Ocupacional, podem-se destacar as seguintes [38]:

- Providenciar a política de condução segura da própria RTA, como exemplo de uma política de condução segura.
- Providenciar um largo espectro de recursos de educação para o local de trabalho (fadiga, velocidade, álcool e drogas, cintos de segurança).
- Implementar iniciativas em Segurança Rodoviária Ocupacional nas regiões tuteladas pelo RTA.

- Trabalhar com os outros estados e territórios na troca de informação sobre as melhores práticas.
- Providenciar o consumidor com informação sobre a segurança dos veículos novos e usados.

O RTA desenvolveu uma política para os seus trabalhadores que necessitam de conduzir em trabalho. Essa política foi desenvolvida em 2002 e delega responsabilidades na gestão e nos trabalhadores, aquando da utilização dos veículos do RTA. Nessas responsabilidades, inclui-se a identificação de factores de risco, como a fadiga.

O projecto "*Fleetsafe*", lançado em 1999, foi outra das iniciativas australianas na prevenção dos acidentes rodoviários de trabalho que envolveu várias organizações e, acima de tudo, envolveu os Concelhos Regionais do Sul de Sydney. Este projecto desenvolveu uma política e procedimentos, no sentido de melhorar a Segurança Rodoviária Ocupacional em doze Concelhos do Sul de Sydney, sendo coordenado pelo *Southern Sydney Regional Organization of Councils* (SSROC) e financiado pelo *Traffic Authority* da Nova Gales do Sul. A razão para o seu surgimento esteve no facto de, nestes Concelhos, o índice de acidentes com veículos de trabalho, nomeadamente veículos ligeiros e pesados, rondar os 50% do total de acidentes rodoviários o que representava o dobro dos índices para este tipo de veículos [39].

As políticas e os procedimentos do "*Fleetsafe*" foram desenvolvidos por um grupo proveniente de todos os Concelhos e que cobria uma série de disciplinas, incluindo a gestão do risco e a Segurança Rodoviária Ocupacional. O projecto estava sedeado em três fases [40]:

- **Modelo de política *Fleetsafe*** – a política define os veículos como locais de trabalho, com objectivos de Segurança e Saúde Ocupacionais, já que vários trabalhadores são necessários para os conduzir no decurso do seu trabalho. Este documento impulsiona os Concelhos a tomar a responsabilidade pela segurança dos veículos nas suas organizações, em vez de deixar essa responsabilidade às organizações externas, como as agências governamentais;
- **Guias de recomendação** – estes guias representam as boas práticas, de acordo com o conhecimento dos membros do SSROC e dos especialistas envolvidos no projecto. Estes guias representam a implementação prática da política e podem ser modificados, um pouco, por cada Concelho;
- **Implementar e manter o programa *Fleetsafe*** – O SSROC reuniu um grupo de direcção, o "*Fleetsafe Steering Group*", no sentido de auxiliar os Concelhos na implementação efectiva do *Fleetsafe*. O SSROC teve também outras estratégias para auxiliar os Concelhos na implementação

efectiva do *Fleetsafe*, tal como a procura de fundos governamentais para a produção de materiais de formação e de educação e fazendo aproximar as companhias de seguros com iniciativas de condução segura.

As organizações privadas com interesse na Segurança Rodoviária Ocupacional têm levado a cabo um bom trabalho no desenvolvimento de materiais de informação sobre a prevenção dos acidentes rodoviários de trabalho. De entre as organizações australianas, destaca-se o Centro de Investigação de Acidentes da Universidade de Monash, sedeada em Victoria. Neste centro, vários estudos de investigação têm sido desenvolvidos no campo da segurança rodoviária, em várias áreas, nomeadamente sobre a condução em trabalho.

4.2.4. Espanha

Em Espanha, a sinistralidade rodoviária tem vindo a decrescer de forma acentuada nos últimos anos, nomeadamente no que concerne ao número de vítimas mortais. Em quatro anos (de 2003 a 2006), os valores de morbilidade em acidentes rodoviários, diminuíram em cerca de 24%. O número de feridos graves também diminuiu significativamente, no período considerado, cerca de 19% [41].

A estatística da sinistralidade laboral em Espanha, da responsabilidade do Ministério do Trabalho e da Imigração, trata os acidentes "in itinere" de forma separada dos demais acidentes de trabalho. Tal como nos demais países da Europa, os dados sobre os acidentes rodoviários de trabalho em missão não são desagregados dos demais dados sobre acidentes de trabalho, mas constata-se, nos elementos da sinistralidade laboral, um tratamento estatístico mais cuidado e profundo, fraccionando as várias rubricas dos indicadores de sinistralidade, possibilitando desta forma, um trabalho mais cuidado de análise da sinistralidade laboral.

O Centro de Ergonomia e Prevenção da Universidade Politécnica da Catalunha desenvolveu em 2006, um trabalho de investigação que veio revelar dados preciosos sobre a sinistralidade rodoviária ocupacional em Espanha. A partir dos dados estatísticos relativos aos acidentes rodoviários do ano de 2004, emitidos pela Direcção Geral de Tráfego do Ministério do Interior e dos dados estatísticos relativos à sinistralidade laboral, emitidos pelo Ministério do Trabalho e Assuntos Sociais, foram calculados os dados exactos da sinistralidade rodoviária de trabalho do ano de 2004, e, a partir deles, estimaram-se os dados de 1999 a 2003. Em termos gerais, os acidentes rodoviários de trabalho constituem um fenómeno socialmente relevante pela sua magnitude, tendo como exemplo os mais de 65.000 acidentes anuais segundo os valores de 2004 [8]. Esta relevância resulta de um duplo contributo: do ponto de vista da Segurança Rodoviária, cerca de 46% das vítimas dos acidentes rodoviários são em trabalho; do ponto de vista da Segurança Laboral, cerca de 38% dos acidentes laborais mortais são rodoviários. Das cerca de 45,9% de vítimas de acidentes rodoviários de trabalho, 11,7% foram mortais (ver quadro 9) [8].

Relativamente ao total dos acidentes rodoviários de trabalho, verificou-se que a maioria, mais de 45.000 (cerca de 69%), ocorreu em trajecto, enquanto o valor restante, mais de 20.000 (cerca de 31%), ocorreu em missão. Para os acidentes rodoviários de trabalho mortais a diferença mantém-se, embora seja menor; cerca de 55,2% ocorreu em trajecto e cerca de 44,85% ocorreu em missão. Uma característica importante dos acidentes em trajecto é que a maioria, cerca de 64%, ocorre no percurso para o local de trabalho [8].

QUADRO 9 – Acidentes de Trabalho, Vítimas de Trânsito e Acidentes Rodoviários de Trabalho. Espanha (1999-2004).

	1999	2000	2001	2002	2003	2004	TAC
Total							
Total laborales	931.813	1.005.289	1.024.936	1.016.670	954.847	955.144	-0,1%
Laborales-viales	50.853	57.834	63.786	63.110	63.879	65.626	4,6%
- En misión	17.105	18.859	21.590	20.835	20.720	20.368	3,3%
- In itinere	33.748	38.976	42.196	42.275	43.159	45.258	5,2%
DGT (víctimas)	148.632	155.557	155.116	152.264	156.034	143.124	-0,6%
% s/laborales	5,5%	5,8%	6,2%	6,2%	6,7%	6,9%	4,7%
% s/tráfico	34,2%	37,2%	41,1%	41,4%	40,9%	45,9%	5,2%
Mortales							
Total laborales	1.566	1.580	1.487	1.544	1.452	1.459	-1,6%
Laborales-viales	525	526	508	562	515	554	0,9%
- En misión	237	249	223	285	246	248	1,3%
- In itinere	288	277	285	276	269	306	0,5%
DGT (víctimas)	5.738	5.776	5.517	5.347	5.399	4.741	-3,3%
% s/laborales	33,5%	33,3%	34,1%	36,4%	35,5%	38,0%	2,6%
% s/tráfico	9,1%	9,1%	9,2%	10,5%	9,5%	11,7%	4,4%

Notas: TAC es la tasa anual de crecimiento (calculada por regresión logarítmica).

Fonte: Universidade Politécnica da Catalunha [8]

De acordo com este estudo da Universidade Politécnica da Catalunha e tendo em atenção as definições legais que vigoram em Espanha, na classificação dos riscos rodoviários ocupacionais distingue-se claramente os riscos rodoviários a que uma pessoa está exposta ao ir e ao retornar do trabalho (em trajecto), daqueles que se produzem durante a jornada de trabalho (em missão).

Um dos dados mais preocupantes revelados por este estudo é a tendência de crescimento que os acidentes rodoviários de trabalho tiveram nos últimos anos, relativamente aos acidentes rodoviários e aos acidentes de trabalho, globalmente. Nos últimos seis anos, tanto os acidentes rodoviários como os acidentes laborais, apresentaram em Espanha, globalmente, trajectórias de contenção, verificando-se até uma diminuição no que diz respeito aos acidentes mortais. No entanto, os acidentes rodoviários de trabalho, apresentaram tendências crescentes: cerca de 4,6% ao ano na totalidade e cerca de 0,9% ao ano, no caso dos acidentes mortais [8].

Estes valores são preocupantes pelo facto de reflectirem a falta de medidas concretas de actuação, em termos de prevenção e evidenciam a necessidade de um trabalho mais integrado entre a segurança rodoviária e a segurança ocupacional, aos vários níveis.

Outro dado curioso deste estudo e que, de certo modo, ajuda a compreender a vasta heterogeneidade dos vários intervenientes no Risco Rodoviário Ocupacional, é o perfil do trabalhador que sofre o acidente rodoviário de trabalho em missão. Neste caso a tendência aponta para o trabalhador do sexo masculino, com idade compreendida entre os 16 e os 24 anos, que trabalha na actividade dos transportes e a sua ocupação é a de condutor profissional [8]. No entanto, neste caso os índices de incidência proporcionam uma informação enviesada, já que nem todas as actividades e ocupações estão expostas ao Risco Rodoviário Ocupacional da mesma forma. A melhor aproximação que se pode realizar com a informação disponível é aquela que integra juntamente com o número de acidentes, a percentagem de casos em que o trabalhador estava a realizar o seu trabalho habitual no momento em que sofreu o acidente em missão, por tipo de ocupação [8]. No caso dos condutores não profissionais, são úteis as classificações por tipo de veículo. A análise do quadro 10 esclarece de forma clara a tendência do acidente rodoviário de trabalho em missão, para alguns dos perfis profissionais espanhóis, em função da percentagem de casos em que o trabalhador estava a realizar o seu trabalho habitual.

Em Espanha, o órgão da administração pública responsável pela Segurança Rodoviária é a Dirección General de Tráfico, do Ministerio del Interior. Até há bem pouco tempo, este órgão não tinha uma estratégia especificamente definida para a Segurança Rodoviária Ocupacional. Os seus projectos centravam-se na melhoria da Segurança Rodoviária global, que serve de eixo para a implementação da Segurança Rodoviária Ocupacional. Neste sentido, em Julho de 2006 foi colocada em marcha a nova estratégia da carta de condução por pontos, que consolida uma estrutura jurídica e organizativa, de grande alcance para a melhoria global dos comportamentos dos condutores espanhóis. No entanto, em Abril de 2011, a Dirección General de Tráfico lançou o «Manual de Buenas Prácticas en La Prevención de Accidentes de Tráfico Laborales», dando inicio a um trabalho de parceria com o Instituto Nacional de Seguridad e Higiene en el Trabajo (INSHT), com o objectivo de contribuir com as atitudes e hábitos próprios da Segurança Rodoviária, no mundo laboral, consolidando assim o esforço integrado na prevenção dos riscos rodoviários ocupacionais pelas duas instituições.

QUADRO 10 – Acidentes rodoviários de trabalho em missão, número e percentagem do trabalho habitual. Espanha.

Acidentes rodoviários de trabalho em missão, nº e percentagem do trabalho habitual

Perfis profissionais	Total	% habitual	Mortais	% habitual
Forças armadas	142	85,2	1	100
Legislação, direcção de empresas e AAPP	266	87,6	6	83,3
Profissionais	592	85,1	5	80,0
Técnicos e profissionais de apoio	1666	91,0	19	100,0
Administrativos	1654	87,2	7	57,1
Trab. serviços; P. Protecção; Dependentes Com.	2868	87,5	7	100,0
Trab. qualificados agricultura e pesca	211	91,9	4	75,0
Trab. qualificados construção e industria	2973	86,0	27	88,9
Trabalhadores não qualificados	4221	90,7	33	93,9
Operadores de instal. e maquinaria, montadores	902	84,5	10	70,0
Condutores profissionais	4873	96,4	129	93,8
Total	20368	90,2	248	91,1

Fonte: Adaptado de Universidade Politécnica da Catalunha [8]

No que diz respeito à Segurança e Saúde do Trabalho, o Ministério de Trabajo e Inmigráción é responsável por esta área, através da actuação de duas instituições, que têm como objectivo o desenvolvimento dessas responsabilidades; essas instituições são o Instituto Nacional de Seguridad e Higiene en el Trabajo (INSHT), constituído como um órgão técnico e a Inspección de Trabajo y Seguridad Social, constituído como um órgão de controlo. Nos planos das duas instituições, tendo como objectivo a diminuição da sinistralidade laboral, começam a aparecer acções específicas para a Segurança Rodoviária Ocupacional. Dessas acções deve ser realçado o lançamento, em Março de 2011, do «Guia para las actuaciones de la Inspección de Trabajo en matéria de seguridad vial en las empresas» e promovido internamente na Inspección de Trabajo y Seguridad Social, como um guia de referência para a actuação das inspecções de trabalho na prevenção dos riscos laborais.

Espanha está a começar a desenvolver várias acções específicas, no sentido da prevenção rodoviária ocupacional. Um dos exemplos dessas acções, é a parceria realizada entre o Ministério del Interior, através da Dirección General de Tráfico e o Ministério de Trabajo e Inmigración, através do Instituto Nacional de Seguridad e Higiene en el Trabajo (INSHT), consolidada na promoção de um sítio na Internet com o título «La Seguridad Vial en la empresa». Este site é administrado pela Fundación para la Seguridad Vial (Fesvial) e tem como objectivo principal consciencializar empregadores, trabalhadores e responsáveis pela prevenção dos riscos profissionais sobre os acidentes rodoviários em trabalho e a importância da sua prevenção. É notória a melhoria evidenciada pelos espanhóis no conhecimento dos dados laborais relacionados com os acidentes rodoviários, bem como nos dados rodoviários sobre os acidentes de trabalho.

As Mutuas de Acidentes de Trabalho e Doenças profissionais têm vindo a exercer, nos últimos anos, uma grande pressão, principalmente em relação aos acidentes em trajecto, sendo muito rigorosas no reconhecimento do carácter laboral de alguns acidentes reclamados como tal pelo trabalhador e pelos sindicatos. No contexto das suas acções levadas a cabo no sentido da Segurança Rodoviária Ocupacional, destacam-se as Mútuas "Fraternidad" e "Fremap".

No contexto da investigação e estudo da Segurança Rodoviária Ocupacional, em Espanha, destaca-se o trabalho realizado por algumas instituições universitárias. Estão neste caso a Universidade Politécnica da Catalunha, através do seu Centro de Ergonomia e Prevenção; o Instituto Universitário de Tráfego e Segurança Rodoviária (INTRAS), que é um centro de investigação interdisciplinar da Universidade de Valência, dedicado à segurança rodoviária e acidentes de tráfego, sobretudo na óptica dos factores humanos e do comportamento do condutor e o Instituto Universitário de Investigação do Automóvel (INSIA), criado no seio da Universidade Politécnica de Madrid que funciona como centro superior de investigação automóvel.

4.2.5. Estados Unidos

O risco de acidentes rodoviários relacionados com a condução ou deslocação num veículo motorizado, em trabalho, afecta milhões de pessoas nos Estados Unidos. Em 2001, aproximadamente 4,2 milhões de trabalhadores americanos foram classificados como operadores de veículos motorizados pelo *Bureau of Labour Statistics* (BLS). Nesta classificação incluem-se os trabalhadores que utilizam veículos motorizados para realizar o seu trabalho, nomeadamente aqueles que utilizam veículos fornecidos pelos seus empregadores e aqueles que utilizam veículos pessoais para objectivos de trabalho [42].

Não existe uma fonte satisfatória de dados sobre lesões e mortes no trabalho, em resultado de acidentes rodoviários de trabalho. Os sistemas de dados especiais sobre acidentes rodoviários mortais relacionados com o trabalho, podem identificar uma proporção enorme destes acidentes, mas falham no detalhe necessário sobre as circunstâncias e os factores de risco ligados aos acidentes rodoviários. Por outro lado, os sistemas desenhados para colher a informação acerca dos acidentes rodoviários contêm dados pertinentes, mas que podem não determinar a relação de trabalho das pessoas envolvidas nos acidentes [43].

Com a finalidade de caracterizar a mortalidade dos acidentes rodoviários ocupacionais e identificar quais os trabalhadores que se encontram em elevado risco de morte, o *Center for Disease Control and Prevention* (CDC) do *National Institute for Occupational Safety and Health* (NIOSH), analisou os dados, dos anos de 1992 até 2002, do sistema de registo de acidentes mortais das autoridades policiais, designado por "*Fatality Analysis Reporting System* (FARS)" do *National Highway Traffic Safety Administration* e os dados do *Census of Fatal Occupational Injuries* (CFOI) do BLS. O resultado desta análise foi publicado em 2004, num relatório intitulado "*Work-Related Roadway Crashes 1992-2002*", onde se indica que os acidentes rodoviários são a principal causa de morte em trabalho, sendo que os trabalhadores com ocupações relacionadas com transporte e deslocação se encontram em risco mais elevado [42].

De acordo com o referido relatório, entre 1992 e 2001, cerca de 13.337 pessoas morreram em acidentes rodoviários de trabalho, nos Estados Unidos. O sector dos transportes, comunicações, indústrias de utilidade pública, onde se inclui o transporte comercial por camião, possui o mais elevado número e índice de sinistralidade mortal na estrada, com cerca de 4358 mortes e um índice de 4,6 pessoas mortas por 100.000 trabalhadores a tempo inteiro (FTE – *Full time equivalent*) (ver quadro 11). Os serviços industriais ocupam o segundo lugar com 1884 mortes mas com um índice de fatalidade inferior, de apenas 0,5. A construção; a administração pública; a venda por grosso; a agricultura, silvicultura e pesca e a indústria mineira, todas possuem elevados indicadores de sinistralidade mortal, relativamente ao indicador total para todos os trabalhadores, que é de 1,1, variando entre 1,7 e 3,4 (ver quadro 11).

QUADRO 11 – Número e índice de incidência de acidentes rodoviários de trabalho mortais, por indústria. Estados Unidos (1992 – 2001).

Indústria	Nº de acidentes rodoviários de trabalho mortais	Índice de incidência*
Transportes, comunicações, utilidade pública	4358	4,6
Serviços	1884	0,5
Construção	1403	1,7
Fabricação	1093	0,5
Administração pública	1038	1,8
Comércio e retalho	1029	0,5
Agricultura, florestas e pescas	970	2,6
Comércio por grosso	945	1,8
Finanças, seguros e imobiliário	253	0,3
Minas	241	3,4
Não classificado	123	-
Total	13337	1,1

* Por 100.000 trabalhadores a tempo inteiro equivalente ≥ 15 anos

Fonte: Adaptado de CDC [42]

No período compreendido entre 1992 e 2001, os acidentes rodoviários foram a principal causa de acidentes de trabalho nos Estados Unidos, contabilizando uma média de cerca de 1300 trabalhadores mortos, todos os anos (cerca de 22% de todas as mortes no trabalho). Apesar da diminuição do número e do índice dos acidentes mortais no trabalho, a nível global, os números anuais das mortes por acidente rodoviário de trabalho aumentaram durante esta década e os índices de sinistralidade apresentam poucas alterações [42].

Em 1998, o NIOSH publicou uma informação designada *"NIOSH Alert – Preventing worker injuries and deaths from traffic relates motor vehicle crashes"*. Esta informação revelou ser o primeiro documento em que se faz um alerta sobre os números relativos aos acidentes rodoviários de trabalho, através da inclusão de um vasto número de dados estatísticos derivados do BLS. Para além dos dados estatísticos, este documento inclui várias recomendações para as empresas, nomeadamente sobre o desenvolvimento de programas de segurança rodoviária; essas recomendações surgem muito enfatizadas no desempenho, nas competências, na manutenção do veículo e na atenção aos regulamentos especiais sobre programas de segurança dos veículos comerciais.

Nos Estados Unidos existe uma grande complexidade na regulação da Segurança Rodoviária e na integração da segurança rodoviária no trabalho.

O NIOSH, é a agência nacional responsável pela investigação e desenvolvimento da Segurança e Saúde do Trabalho, estando encarregada da redução do elevado número de acidentes rodoviários relacionados com o trabalho. Por outro lado, existem várias agências federais responsáveis pelo desenvolvimento das regulamentações de segurança que possam afectar a operação com veículos motorizados no local de trabalho. A *National Highway Traffic Safety Administration* (NHTSA), englobada no *U.S Department of Transportation* (DOT), tem a responsabilidade de desenvolver e de fazer cumprir as normas de desenho e de segurança, aplicadas a todos os veículos fabricados ou usados nos Estados Unidos. Outras duas agências com responsabilidades neste âmbito, são a *Federal Motor Carrier Safety Administration* (FMCSA), que tem à sua responsabilidade a regulamentação que cobre os veículos pesados e os veículos de passageiros, na indústria de veículos de transportes e a *Federal Highway Administration*, cuja missão é desenvolver normas e guias para o desenho e construção de estradas e o controle temporário de tráfego. O *National Transportation Safety Board* faz a investigação dos acidentes rodoviários e desenvolve recomendações de segurança, direccionadas às agências federais e estaduais, bem como a outros grupos de interesse na Segurança Rodoviária.

Uma das conclusões mais importantes da informação do NIOSH de 1998, que fez alertar as consciências para a realidade do problema da sinistralidade rodoviária de trabalho, foi que, durante muito tempo, as organizações do governo americano e também as organizações da segurança pública, estudaram e implementaram as formas de prevenir as lesões devidas aos acidentes rodoviários. No entanto, os investigadores não prestaram muita atenção à prevenção dos acidentes com veículos motorizados, no âmbito do trabalho.

A prevenção dos acidentes rodoviários ocupacionais coloca um dos maiores desafios à segurança ocupacional. A estrada é um ambiente de trabalho único. Comparada com outra instalação de trabalho, a capacidade do empregador para controlar as condições de trabalho e para aplicar os meios de controlo directos, é bastante limitada [43].

Apesar destes desafios, pode ser desenvolvido um grande progresso, reduzindo a mortalidade causada pelos acidentes rodoviários de trabalho. Neste sentido, o NIOSH publicou em Setembro de 2003 um guia intitulado *"Work-related Roadway Crashes–Challenges and Opportunities for Prevention"*, onde se destacam, para além da profunda análise epidemiológica dos acidentes rodoviários de trabalho, os factores de risco mais importantes e a estratégia para prevenir os acidentes rodoviários de trabalho. Este guia pretende, acima de tudo, providenciar uma visão compreensível do problema e identificar os grupos de trabalhadores com maior risco de acidentes rodoviários, estabelecendo uma estratégia integrada para a prevenção dos riscos rodoviários ocupacionais, através da participação dos empregadores, dos organismos do Estado Norte Americano com responsabilidade na matéria e de todas as partes interessadas.

A *The Network of Employers for Traffic Safety* (NETS), é uma organização sem fins lucrativos, sendo um dos exemplos de organizações interessadas na Segurança Rodoviária Ocupacional. Esta organização dedica-se essencialmente à informação dos empregadores sobre os custos dramáticos resultantes dos acidentes rodoviários, apoiando-os na implementação de políticas e de programas de Segurança Rodoviária, focalizados nas questões que os afectam, nomeadamente ao nível dos custos. Em 2003 o NETS, em colaboração com a OSHA, editou um guia dirigido aos empregadores, intitulado *"Guidelines for Employers to Reduce Motor Vehicle Crashes"*, com o objectivo de os sensibilizar para a necessidade da redução das mortes e lesões provocadas pelos acidentes rodoviários, em contexto de trabalho. Neste guia, são divulgados alguns números sobre os custos dos acidentes rodoviários de trabalho, sendo fornecida uma folha de cálculo simples para a determinação dos custos relacionados com os acidentes rodoviários.

Os acidentes rodoviários custam anualmente aos empregadores, nos Estados Unidos, cerca de 60 biliões de dólares em tratamentos médicos, despesas legais, danos à propriedade e perdas na produção. Estes custos são sobredimensionados com os custos pelos benefícios que são dados aos trabalhadores pelas indemnizações, segurança social e seguros privados de saúde e incapacidade, ou seja, aumenta-se o custo relacionado com a administração de todos estes programas, nas empresas [45].

O guia estabelece dez passos para a minimização dos custos com os acidentes rodoviários nas empresas. Embora focalizadas para o objectivo da diminuição de custos, estas acções integram-se, de forma clara, na prevenção global dos acidentes rodoviários de trabalho. Os dez passos providenciam os princípios que um empregador pode ter em linha de conta, para melhorar o desempenho na segurança rodoviária e minimizar o risco dos acidentes rodoviários. São estes os dez passos para a concretização desta estratégia [45]:

- Comprometimento da gestão de topo e participação dos trabalhadores;
- Existência de uma política e procedimentos escritos;
- Aceitação dos condutores;
- Registos das verificações feitas aos veículos;
- Informação sobre os acidentes rodoviários e sua investigação;
- Selecção dos veículos, manutenção e inspecção;
- Sistema activo disciplinar;

- Recompensas / programa de incentivos;
- Formação em condução / Comunicação;
- Cumprimento das regulamentações legais.

4.2.6. França

Um dos países onde existe uma maior consciencialização sobre a Segurança Rodoviária Ocupacional na União Europeia é, sem dúvida, a França. Esta consciencialização nasceu no seio da Segurança Ocupacional e no enfoque muito particular que é dado a esta causa, nomeadamente no seio do *Institut National de Recherche et Sécurité* (INRS) e da *Caisse Nationale de L'Assurance Maladie des Travailleurs Salariés* (CNAMTS). Os acidentes rodoviários de trabalho representam uma parte significativa do total de acidentes de trabalho e, na maioria dos acidentes mortais incluem-se os acidentes em trajecto [8]. De acordo com o quadro regulamentar legal francês, este risco ao qual os trabalhadores são expostos, diz respeito à empresa. Se o acidente se produz no quadro de uma missão de trabalho ou no decurso de um trajecto entre o domicílio e o local de trabalho, ele será, nos dois casos, considerado como um acidente de trabalho e subordinado à legislação sobre acidentes de trabalho [46]. O acidente de um trabalhador na estrada é, por um lado, um acidente de trabalho e por outro lado, um acidente de estrada. Como acidente de trabalho, ele é submetido ao enquadramento legal dos acidentes de trabalho da Segurança Social e como acidente de estrada, ele é submetido aos poderes públicos [46]. É por esta razão que, em França, a Segurança Rodoviária e a Segurança Social decidiram unir os seus esforços, para uma melhor gestão da prevenção deste tipo de acidentes. É nesta lógica que o risco rodoviário também é considerado um risco profissional e a sua prevenção é enfatizada, tal como acontece com os outros riscos ligados à actividade central da empresa; da responsabilidade do empregador, ou seja, segundo a lógica da Directiva 89/391/CEE, de 12 de Junho.

Em termos estatísticos, pode afirmar-se que os franceses possuem os melhores indicadores sobre a sinistralidade rodoviária de trabalho, na Europa, desde a década de noventa, do século passado. A CNAMTS tem publicado as estatísticas sobre a sinistralidade rodoviária de trabalho, seja em missão, seja em trajecto, desde o ano 2000. Os dados estatísticos publicados separam os acidentes de trabalho em missão, dos acidentes de trabalho em trajecto, bem como os acidentes de trabalho quer em missão quer em trajecto na estrada e nas restantes situações. Isto permite uma análise mais cuidada do problema, não criando constrangimentos ao seu perfeito conhecimento. Desde logo se pode concluir que o primeiro passo na prevenção dos acidentes rodoviários de trabalho começa na qualidade da recolha de dados; este foi, talvez, o grande avanço conseguido pelos franceses, neste como noutros campos da Segurança e Saúde do Trabalho.

As figuras 7 e 8 permitem analisar a evolução dos acidentes rodoviários de trabalho totais e mortais, respectivamente, desde o ano 2000 até 2006, em relação ao total de acidentes de trabalho e ao total de acidentes de trabalho mortais. Como se pode verificar, o peso dos acidentes rodoviários de trabalho, relativamente aos acidentes de trabalho totais, é baixo, representando cerca de 10% ao longo do período compreendido entre 2000 e 2006.

A proporção dos acidentes rodoviários de trabalho mortais face aos acidentes de trabalho mortais totais, durante o período em causa, foi de cerca de 57,5%, em média, representando uma proporção significativa dos acidentes de trabalho mortais. Como se pode verificar pela figura 8, entre o ano 2000 e o ano de 2002, o número de mortos por acidente rodoviário de trabalho manteve-se, diminuindo gradualmente nos anos seguintes até ao ano de 2006, em que a proporção do número de acidentes mortais diminuiu em cerca de 8% relativamente ao ano de 2005 e cerca de 12% relativamente ao ano 2000.

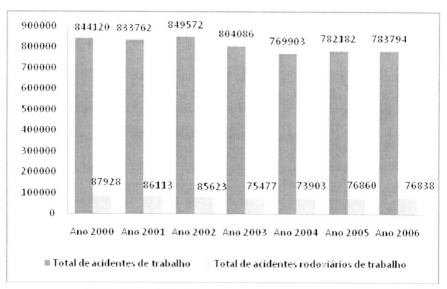

FIGURA 7 – Gráfico do total de acidentes de trabalho e de acidentes rodoviários de trabalho. França 2000 a 2006. Fonte: Adaptado de CNAMTS [47].

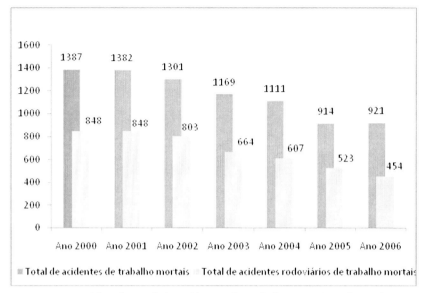

FIGURA 8 – Gráfico do total de acidentes de trabalho mortais e de acidentes rodoviários de trabalho mortais. França 2000 a 2006. Fonte: Adaptado de CNAMTS [47].

Relativamente aos acidentes de trabalho com incapacidade permanente causados pelos acidentes rodoviários de trabalho, os valores também são significativos, em comparação com os valores totais dos acidentes de trabalho com incapacidade permanente (ver figura 9).

A proporção de acidentes rodoviários de trabalho com incapacidade permanente, face ao total de acidentes de trabalho com incapacidade permanente, durante o período em causa, foi de 17,4%, em média, mantendo uma tendência para a estabilidade desde o ano de 2003 até ao ano de 2006.

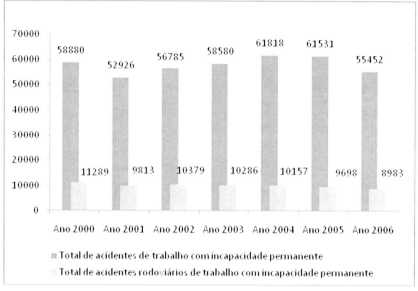

FIGURA 9 – Gráfico do total de acidentes de trabalho com incapacidade permanente e de acidentes rodoviários de trabalho com incapacidade permanente. França 2000 a 2006. Fonte: Adaptado de CNAMTS [47].

Nos valores dos acidentes de trabalho totais também se incluem os acidentes de trabalho em trajecto, nomeadamente os acidentes ocorridos nas várias circunstâncias, incluindo os acidentes rodoviários de trabalho. Como se pode ver pela figura 10, os acidentes de trabalho em trajecto totais representaram, entre 2000 e 2006, cerca de 11% dos acidentes de trabalho totais, com uma tendência estável de manutenção dos seus valores, ao longo do tempo.

No que diz respeito aos acidentes rodoviários de trabalho em trajecto, pese embora, que os seus valores se mantenham constantes ao longo deste período, estes possuem um peso importante relativamente aos valores totais dos acidentes de trabalho em trajecto. O peso dos acidentes rodoviários de trabalho em trajecto rondou em média os 67%, em relação ao total de acidentes de trabalho em trajecto, neste período de sete anos.

Os valores referentes aos acidentes de trabalho mortais em trajecto, comparativamente com os totais dos acidentes mortais devidos a acidentes de trabalho, são bastante elevados e preocupantes, representando em média, cerca de 530 mortos por ano com um peso de cerca de 45% do total dos acidentes mortais em trabalho, no período que vai de 2000 a 2006 (ver figura 11).

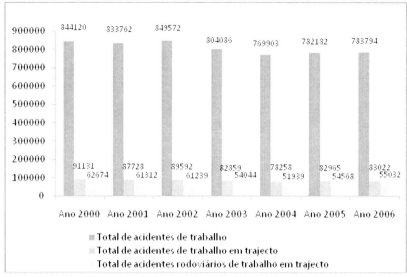

FIGURA 10 – Gráfico do total de acidentes de trabalho, de acidentes de trabalho em trajecto e de acidentes rodoviários de trabalho em trajecto. França 2000 a 2006. Fonte: Adaptado de CNAMTS [47].

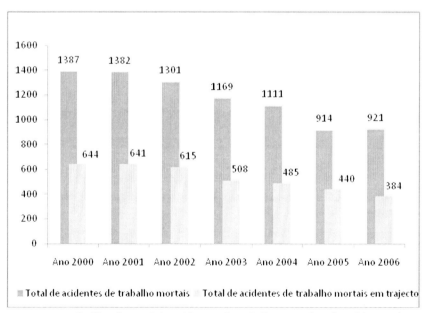

FIGURA 11 – Gráfico do total de acidentes de trabalho mortais e de acidentes de trabalho mortais em trajecto. França 2000 a 2006. Fonte: Adaptado de CNAMTS [47].

Os valores dos acidentes rodoviários de trabalho mortais em trajecto, relativamente ao valor total de acidentes de trabalho mortais em trajecto, têm um peso demolidor, representando em média cerca de 90% do total dos acidentes mortais em trajecto, neste período.

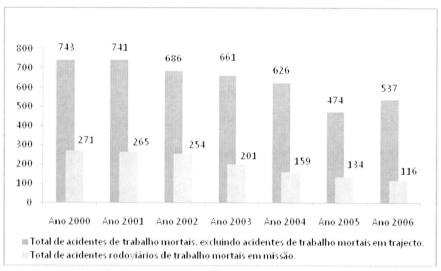

FIGURA 12 – Gráfico de comparação do total de acidentes de trabalho mortais, excluindo acidentes de trabalho mortais em trajecto, com o total de acidentes rodoviários de trabalho mortais em missão. França 2000 a 2006. Fonte: Adaptado de CNAMTS [47].

Os acidentes rodoviários de trabalho em missão representaram cerca de 3% do total de acidentes de trabalho, excluindo os acidentes de trabalho em trajecto, neste período entre 2000 e 2006. No entanto, o valor dos acidentes rodoviários de trabalho mortais em missão representou, em média, cerca de 30% do total de acidentes mortais de trabalho, excluindo os acidentes de trabalho mortais em trajecto (ver figura 12). A partir de 2002 e até 2006, assiste-se a uma significativa descida no número de acidentes rodoviários de trabalho mortais em missão, traduzida pela redução em cerca de 15%.

No contexto dos totais de acidentes rodoviários de trabalho, os dados estatísticos da CNAMTS proporcionam uma análise interessante sobre as tendências ao nível dos acidentes rodoviários de trabalho em trajecto e dos acidentes rodoviários de trabalho em missão. Verifica-se que os acidentes rodoviários de trabalho em trajecto possuem uma expressiva representatividade na globalidade dos acidentes rodoviários de trabalho, representando 71%, em média, dos acidentes rodoviários de trabalho (ver figura 13).

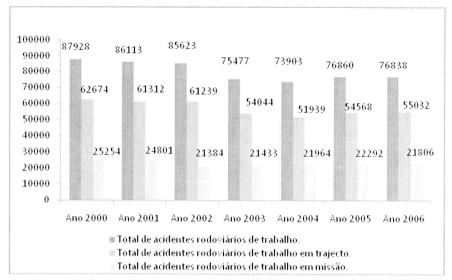

FIGURA 13 – Gráfico do total de acidentes rodoviários de trabalho, de acidentes rodoviários de trabalho em trajecto e de acidentes rodoviários de trabalho em missão. França 2000 a 2006. Fonte: Adaptado de CNAMTS [47].

Relativamente aos acidentes rodoviários de trabalho mortais, os acidentes rodoviários de trabalho mortais em trajecto apresentam uma larga vantagem relativamente aos acidentes rodoviários de trabalho mortais em missão, com a mesma expressão de representatividade dos totais de acidentes rodoviários de trabalho em trajecto, com uma média de cerca de 71% do total dos acidentes rodoviários de trabalho mortais (ver figura 14).

Em França, a estratégia de prevenção dos riscos rodoviários de trabalho passou pela sensibilização das empresas sobre a importância destes acidentes, nomeadamente através da informação sobre os valores deste tipo de sinistralidade e seus custos. A característica principal do sistema francês para a prevenção deste tipo de acidentes foi a realização de acordos entre a Administração do Estado Francês, as companhias seguradoras, a Segurança Social e algumas empresas, a título voluntário. Uma das formas de melhorar a acção preventiva, neste sistema de acordos, foi reunir as instituições de prevenção da Segurança Rodoviária e da Segurança e Saúde do Trabalho, envolvendo-as no mesmo objectivo. Em 1999, a *Délégation Interministérielle à la Sécurité Routière* (DISR) e a *Caísse Nationale de l'Assurance Maladie des Travailleurs Salariés* (CNAMTS),

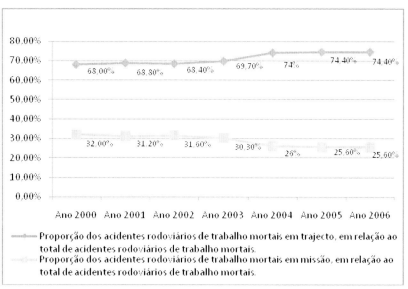

FIGURA 14 – Gráfico da proporção dos acidentes rodoviários de trabalho mortais em trajecto e em missão, em relação ao total de acidentes rodoviários de trabalho mortais. França 2000 a 2006. Fonte: Adaptado de CNAMTS [47].

celebraram um acordo específico, com objectivos focalizados no controlo do risco rodoviário, através da mobilização dos actores das empresas, fazendo entender aos empresários que o risco rodoviário é também um risco profissional. A acção foi muito focalizada na prevenção, utilizando uma metodologia estrutural e colectiva, desenvolvida pela CNAMTS na prevenção dos riscos profissionais, já familiar nas empresas francesas, em contraste com o enfoque habitual da Segurança Rodoviária, centrado sobretudo no comportamento individual. Para compatibilizar estes dois enfoques, a actuação articulou-se em torno de dois eixos: em primeiro lugar, organizou-se a colaboração entre os responsáveis da segurança rodoviária dos poderes públicos e a instituição encarregada de prevenir os riscos profissionais, criando um Comité Nacional de Direcção formado por representantes dos poderes públicos e da Instituição de Prevenção da Segurança Social; em segundo lugar, para iniciar a aplicação do enfoque estrutural dos acidentes de trabalho, ao risco rodoviário, lançaram-se uma série de iniciativas, como por exemplo, a celebração de um acordo a nível nacional, cuja aplicação ocorreu ao nível regional e ao nível provincial, e a colocação em marcha de comités de direcção locais.

O Comité Nacional de Direcção, designado por « *Comité de Pilotage Nationale pour la Prévention du Risque Routier Encouru par les Salariés* », era composto por oito membros designados pela DISR e por oito elementos da CNAMTS.

Em Março de 2006, o Comité foi alargado a outros dois organismos, a *Caisse Nationale de Retraite des Agents des Collectivités Locales* (CNRACL) e a *Mutualité Sociale Agricoles* (MSA), passando a ser designado, a partir desta data, de "*Comité Pour la Prevention du Risque Routier Professionnel*". A missão deste Comité consistiu em propor programas de acções, assegurar o acompanhamento e informação regulares sobre o avanço dos projectos de associação, tanto a nível nacional, como a nível local. O Comité assegurou, igualmente, um papel de difusão regular da informação, no conjunto das instâncias e das equipas delegadas [48].

Os programas de acção deste Comité são plurianuais e centram-se em determinadas acções específicas. O primeiro programa foi desenvolvido entre o ano 2000 e o ano de 2001. Sendo o primeiro programa a desenvolver, o objectivo principal foi o de demonstrar a pertinência da aproximação do risco rodoviário ao risco profissional, através de três linhas de acção, concretizadas através de:

- Acções-piloto, onde se permitiu demonstrar no terreno a facilidade de integração do risco rodoviário como um risco profissional;
- Organização de um Fórum Nacional intitulado "Risco rodoviário: uma responsabilidade social, uma responsabilidade da empresa", que permitiu partilhar a ideia de que "conduzir é um acto de trabalho";
- Realização de um determinado número de ferramentas, como vídeos de sensibilização, um guia de avaliação de risco rodoviário na empresa e vários referenciais de formação, visando os empregadores e os trabalhadores expostos ao risco.

O segundo programa foi desenvolvido entre 2002 e 2005 e propôs a formulação de exigências essenciais de boas práticas de prevenção do risco rodoviário profissional. Estas exigências transformaram-se num "código de boas práticas de prevenção do risco rodoviário profissional", inspirado nos princípios gerais de prevenção de riscos profissionais da Directiva 89/391/CEE, de 12 de Junho. Aplicados ao risco rodoviário, estes princípios permitiram a proposta de pistas de prevenção, em quatro direcções [49]:

1. Evitar ou reduzir o risco através de uma organização racional das deslocações (gestão das deslocações);
2. A escolha dos veículos e dos seus equipamentos devem ser adaptados, permitindo a deslocação e o trabalho em segurança (gestão dos veículos);
3. A gestão da mobilidade, de modo a não introduzir factores de agravamento do risco (gestão das comunicações móveis);
4. Uma formação profissional dos trabalhadores que lhes permita uma utilização, sem risco, dos veículos que lhes são confiados (gestão das competências).

Inspirando-se neste código de boas práticas, os parceiros sociais da *Commission des Accidents du Travail et des Maladies Professionnelles* (CAT/MP), adoptaram dois textos de grande importância para a prevenção do risco rodoviário ocupacional em França. O primeiro texto foi publicado em 5 de Novembro de 2003, com a designação *"Prévention du risque routier au travail"*[19] [50]. O segundo texto foi publicado em 28 de Janeiro de 2004, com a designação *"Prévenir les accidents routiers de traject"*[20] [51].

O programa de 2006 a 2009, foi um programa de desenvolvimento do trabalho feito nos programas anteriores, nos seguintes pontos [51]:

- Estruturação dos estudos e investigações. Foi dado o tempo necessário para colocar em prática os projectos e proceder à realização dos estudos, nomeadamente na actividade de conduzir como actividade de trabalho, no desenvolvimento do escritório e local de trabalho rolante e suas consequências, na questão dos dados numéricos como suportes de comunicação.
- A avaliação do risco rodoviário de trabalho no quadro do documento único: um esforço necessário. O risco rodoviário a que o trabalhador se encontra exposto em missão, é parte integrante dos riscos profissionais; desta forma, esse risco deve ser tido em conta no quadro do documento único de avaliação de riscos, instaurado pela legislação francesa.
- Risco rodoviário em missão. Fazer do código de boas práticas um guia para a acção. Foi uma das questões mais importantes do programa de acção 2006-2009; as orientações propostas pelo código de boas práticas devem ser traduzidas em propostas concretas e estruturadas, para se progredir dentro da prevenção do risco rodoviário em missão.
- Risco rodoviário em trajecto: acentuar o esforço na prevenção. Está provado que existem cerca de duas vezes mais acidentes rodoviários mortais em trajecto, do que acidentes rodoviários mortais em missão; a redução dos acidentes em trajecto, tem sido mais baixa do que a que se verifica nos acidentes em missão.
- As redes locais: uma reserva necessária à acção nacional. Não é suficiente um acordo nacional, para que o trabalho conjunto seja uma realidade quotidiana. É ao nível da acção local que a associação deve ser implantada. Um melhor conhecimento mútuo junto do terreno e a interligação entre as redes são condições necessárias para o sucesso das acções efectuadas em conjunto.

Paralelamente aos programas plurianuais no âmbito da acção do *"Comité Pour la Prévention du Risque Routier Professionnel"*, têm sido lançadas várias

---

[19] "Prevenção do risco rodoviário de trabalho".
[20] "Prevenir os acidentes rodoviários em trajecto".

campanhas de informação sobre temas específicos da Segurança Rodoviária Ocupacional. Dentro destas campanhas, destacam-se as seguintes [48]:
- Campanha sobre a formação: «*La route n'est pás um jeu. On ne donne pas n'importe quel véhicule à un collaborateur sans q'ill. soit formé* » ;
- Campanha sobre as deslocações : «*La route n'est pás um jeu. Plus son itinéraire est organisé moins votre collaborateur a de soucis et vous aussi*» ;
- Campanha sobre a comunicação : «*La route n'est pás um jeu. Moins en téléphone à ses collaborateurs, plus ils sont en sécurité et votre activité aussi*» ;
- Campanha sobre os veículos : «*La route n'est pás um jeu. Plus un véhicule est en bon état plus son conducteur est protégé et son activité aussi* ».

A colaboração entre a DISR e a CNAMTS, levou à criação de inúmeras ferramentas muito impregnadas pelo enfoque francês da prevenção dos riscos profissionais, através do lançamento pelo INRS, em colaboração com o DISR, de vários guias de boas práticas.

4.2.7. Reino Unido

No Reino Unido e de acordo com as estatísticas realizadas pelo *Health and Safety Executive* (HSE), bem como pelos dados revelados por outras instituições, sugere-se que entre 25% e 33% dos acidentes graves e dos acidentes rodoviários mortais, envolvem alguém que, nesse momento, se encontrava em trabalho [52]. Nestes valores podem incluir-se todas as categorias de utilizadores da estrada – condutores de veículos ligeiros, motociclistas, ciclistas e peões, assim como todos aqueles que trabalhavam próximo ou dentro da estrada.

No Reino Unido não existem estatísticas oficiais para os acidentes rodoviários relacionados com jornada de trabalho, já que o formulário de registo dos acidentes (STATS 19), utilizado pelas autoridades, não contempla o "*objectivo da viagem*". Este é um dos problemas fundamentais para a monitorização da escala do Risco Rodoviário Ocupacional [53]. Aliás, este é um problema comum aos restantes países da Europa, o que leva a que as estatísticas de sinistralidade rodoviária de trabalho sejam tão escassas neste momento. No entanto, a partir dos dados disponíveis do registo "STATS 19", é possível obter uma sensibilidade para a escala potencial do risco rodoviário ocupacional, pelo menos para alguns tipos de veículos [53].

No Reino Unido, a lei, fundamentalmente o "*Health and Safety at Work Act*" de 1974, exige que o empregador assegure, tanto quanto for razoavelmente praticável, a Saúde e Segurança de todos os trabalhadores no trabalho. O empregador também é responsável por assegurar que os outros não são colocados em risco, em resultado das suas actividades relacionadas com a condução rodoviária, sendo que os trabalhadores independentes possuem responsabilidades semelhantes [54].

De acordo com o referencial legal *"Management of Health and Safety at Work Regulations"* de 1999, o empregador tem a responsabilidade de gerir a Saúde e Segurança de um modo efectivo. O empregador deve realizar a avaliação de riscos para a Saúde e Segurança dos seus trabalhadores no seu trabalho, bem como para a das outras pessoas que possam ser afectadas pelas suas actividades de trabalho. Este regulamento requer que o empregador reveja periodicamente a avaliação de riscos, de modo a que esta continue a ser a adequada [54].

No ano 2000, o Governo Britânico envolveu-se numa actuação bastante enérgica para reduzir em cerca de 40%, até ao ano 2010, o número de mortos na estrada. Esta actuação foi lançada numa campanha com a designação "Estradas de amanhã: mais seguras para todos", em que os acidentes ocorridos no decorrer do trabalho foram também considerados. Desta forma, no ano de 2001, a Administração do Governo Britânico e a *Health and Safety Commission* (HSC), criaram um grupo de trabalho independente e específico, com o objectivo de recomendar medidas para reduzir a sinistralidade rodoviária laboral. Formou-se o *Work Related Road Safety Task Group* (WRRSTG), com o objectivo de iniciar um debate sobre a proposta para que os empregadores enfrentem os riscos sofridos e causados pelos seus trabalhadores na via pública, incluindo-os explicitamente nos planos de prevenção de riscos laborais. A ideia subjacente é a de que as organizações devem adoptar uma acção positiva para promover a segurança dos seus trabalhadores quando estes trabalham na estrada como condutores, como passageiros ou como peões.

O resultado do trabalho executado pelo WRRSTG está evidenciado no relatório publicado em Novembro de 2001 pelo *Health and Safety Executive* (HSE), conjuntamente com o *Department of Transport*, denominado *"Reducing at-work road traffic incidents"*. Neste relatório, o WRRSTG recomenda que o Governo Britânico e a *Health and Safety Commission* (HSC), tomem medidas para reduzir os incidentes rodoviários de trabalho, sendo que a proposta – chave vai no sentido de que a lei sobre Segurança e Saúde do Trabalho também deve ser aplicada às actividades laborais na estrada, devendo os empregadores realizar a gestão do risco rodoviário da mesma forma que realizam a gestão dos outros riscos para a Segurança e Saúde do Trabalho. De acordo com a opinião deste grupo, não há necessidade de se executar nova legislação sobre a matéria [55].

Das várias recomendações salientadas nesse relatório, destacam-se as seguintes [55]:

- Aplicação mais rigorosa da lei existente sobre Segurança e Saúde do Trabalho, às actividades relacionadas com a estrada, incluindo a condução ocupacional.

- Baseados nas suas avaliações de risco, os empregadores também devem incluir medidas para gerir a Segurança Rodoviária Ocupacional e integrá-las nos sistemas de gestão de Segurança e Saúde do Trabalho existentes. O processo de consulta aos trabalhadores ou aos seus representantes também deve ser integrado nesse procedimento.
- Os trabalhadores devem cooperar com os seus empregadores na aplicação das medidas, no sentido de os auxiliarem no cumprimento das suas obrigações legais; devem ter em atenção a sua saúde e segurança, bem como a saúde e segurança de outros que possam vir a ser afectados pelos seus actos ou omissões.
- Baseados nas suas avaliações de risco, os empregadores devem assegurar que os trabalhadores são competentes na condução, ou no seu trabalho próximo ou em estradas, garantindo que o trabalho é efectuado de forma segura.
- O HSE deve elaborar recomendações específicas e liderar uma campanha de informação, em conjunto com o DTLR[21] e outras instituições, no sentido de alertar os empregadores para que os seus sistemas de gestão da Segurança e Saúde do Trabalho cubram também a Segurança Rodoviária Ocupacional.
- O registo dos acidentes rodoviários feito pelas autoridades (STATS 19) deve ser actualizado e deve incluir algumas questões acerca do "*objectivo da viagem*".

Uma das organizações que mais colaborou com o HSE e o WRRTG foi a *Royal Society for the Prevention of Accidents* (ROSPA). Esta instituição lançou uma campanha própria para auxiliar os empresários a gerir o risco rodoviário ocupacional dos seus trabalhadores. Esta campanha, denominada de "*Managing Occupational Road Risks (MORR)*", utilizou várias ferramentas, nomeadamente ferramentas de informação sobre temas específicos, salientando-se os seguintes [52]:

- *Driving for work: Driver Assessment and training*;
- *Driving for work: Fitness to drive*;
- *Driving for work: Own vehicles*;
- *Driving for work: Vehicle Technology*;
- *Driving for work: Safer Journey Planner*;
- *Driving for work: Safer Speeds Policy*;
- *Driving for work: Mobile Phones*;
- *Driving for work: Drink and Drugs Policy*;
- *Safer motorcycling trough work*;
- *Managing Occupational Road Risk in Voluntary Organizations*;
- *Managing Occupational Road Risk: The ROSPA guide*.

---

[21] DTLR - Department for Transport Local Government Regions.

A ROSPA preconiza que se integre a gestão do risco rodoviário nas políticas globais de gestão da Saúde e da Segurança, nas empresas. Segundo este organismo, os acidentes rodoviários ocupacionais são a principal causa de morte por acidente de trabalho, em Inglaterra (mais de 20 pessoas, em média, morrem todas as semanas em acidentes rodoviários, em contexto de trabalho). Ainda de acordo com a ROSPA, com o desenvolvimento de uma economia centrada nos serviços, a Segurança Rodoviária Ocupacional faz parte da "mudança do mundo do trabalho", na qual a força de trabalho se torna cada vez mais "móvel", com a maioria dos trabalhadores na expectativa de se deslocarem por estrada a algum ponto, durante o seu trabalho [56].

Tendo em atenção o relatório elaborado pelo WRRTG, o *Trade Union Congress* (TUC)[22], solicitou ao Governo Britânico, em 2002, a aplicação plena das recomendações do relatório; solicitou também ao HSE, que os empregadores efectuem a avaliação de risco rodoviário que os trabalhadores na estrada têm de enfrentar.

Em 2003, o HSC, de acordo com o Ministério dos Transportes, solicitou ao HSE o desenvolvimento de um programa de trabalho por um período de 3 a 5 anos, com a seguinte agenda [8]:

- Colaboração com as empresas no desenvolvimento e na promoção de boas práticas de prevenção do risco rodoviário;
- Organização de campanhas de sensibilização para que as empresas entendam melhor a problemática;
- Recolha de informação e de dados – início de investigações;
- Clarificação da articulação entre as forças de polícia, o HSE e as autoridades locais, no que diz respeito às investigações e à aplicação dos regulamentos;
- Preparação de recomendações gerais.

O HSE clarificou, também em 2003 que, de acordo com o regulamento "*Management of Health and Safety at Work Regulations*" de 1999, sobre gestão da Segurança e Saúde do Trabalho, o empregador deve efectuar uma avaliação de risco e a condução em trabalho deve ser integrada nessa avaliação.

Da colaboração entre o HSE e o *Department for Transport*, resultou a publicação de um manual de recomendações gerais para empresários, com o título *"Driving at work – managing work-related road safety"*, em 2003, onde se clarificam as responsabilidades do empregador, os benefícios que este pode obter na gestão do risco rodoviário, bem como a proposta de uma metodologia expedita de avaliação do risco rodoviário, tipicamente inglesa.

---

[22] Confederação dos Sindicatos Ingleses.

5.
Análise de acidentes rodoviários de trabalho

O objectivo global, presente na elaboração da tese que esteve na base conceptual desta publicação, foi demonstrar a necessidade de uma actuação integrada e concertada ao nível da prevenção da sinistralidade rodoviária, focalizando essa actuação na Segurança e Saúde do Trabalho e na Segurança Rodoviária, intervindo no Risco Rodoviário Ocupacional e contribuir com os seus resultados finais, para o impulso necessário à investigação e ao desenvolvimento em matéria de sinistralidade rodoviária de trabalho e a sua prevenção em Portugal. De uma forma geral e tendo presente a investigação preconizada no decorrer da elaboração da tese, e mais tarde, na actualização de dados para a elaboração da presente publicação, concluiu-se da inexistência de dados concretos sobre a sinistralidade rodoviária de trabalho, no nosso país e do atraso estrutural da visão integrada da Segurança Rodoviária e da Segurança Rodoviária Ocupacional nas políticas de prevenção dos riscos laborais, a nível global. Este facto pode ser comprovado através das sínteses de opinião estrangeiras do nosso estado de arte relativamente à Segurança Rodoviária Ocupacional. Tomem-se como exemplo as referências feitas ao nosso país no NIOSH Global Review of Occupational Road Safety, publicado no decorrer da 1ª Conferência Internacional de Segurança Rodoviária Ocupacional, realizada em Fevereiro de 2009 em Whashington: *"Macedo e Silva (2005) analisaram os acidentes de trabalho em Portugal no período de 1992 a 2001. Embora o seu trabalho não forneça quaisquer dados sobre os acidentes relacionados com transportes, esclareceu que os acidentes de trabalho incluem as colisões de viação ocorridas em viagens de trabalho, mas não de e para o trabalho. Nenhuma outra informação foi encontrada para Portugal"*.

No sentido de atingir o objectivo global preconizado, definiram-se três objectivos específicos, sendo que um desses objectivos estava relacionado com a possibilidade de se encontrar relações entre as variáveis de diferentes naturezas, utilizadas no registo dos acidentes de viação de trabalho, que provassem a ligação estreita entre a Segurança e Saúde do Trabalho e a Segurança Rodoviária, ao nível de uma possível causalidade dos acidentes rodoviários. Desta forma, fez-se a análise dos acidentes rodoviários de trabalho, a partir de uma base de dados fidedigna e de grande amplitude em termos de amostragem, do sistema legal de reparação de acidentes, aplicando-se um método exploratório de análise multidimensional de dados. Pretendeu-se encontrar ligações válidas e consistentes entre as variáveis da referida base de dados, nomeadamente através das correlações entre duas e entre três variáveis. Foram encontradas várias correlações válidas entre variáveis, sendo algumas delas analisadas com maior profundidade e apresentadas nesta publicação. Muitas outras foram obtidas, mas dada a sua quantidade, optou-se por publicar aquelas que tinham uma maior representatividade, já que o grande objectivo e êxito da tese foram alcançados também pela validade e fiabilidade da metodologia utilizada na análise dos dados, através dos resultados alcançados e das possibilidades de exploração futura que foram deixadas.

A amostra de dados utilizada para a tese foi cedida por uma Companhia de Seguros portuguesa, com boa implantação no mercado de seguros, no nosso país. Esta amostra de dados representava um considerável número de acidentes de viação em trabalho, ou acidentes rodoviários ocupacionais, participados a esta companhia de seguros entre os anos de 2000 e 2007. Consideraram-se como fechados, todos os processos de participação desta amostragem, à data de entrega do ficheiro de dados para análise. Esta amostra excluía os acidentes rodoviários de trabalho com veículos pesados de transportes.

A amostra de dados compreendia as seguintes variáveis:

- Sector de actividade económica onde trabalhava o acidentado (de acordo com o CAE – Rev.2.1);
- Ano da ocorrência do acidente;
- Data da ocorrência do acidente;
- Dia da semana da ocorrência do acidente;
- Tipo de ocorrência;
- Data de nascimento do acidentado;
- Idade do acidentado à data do acidente;
- Sexo do acidentado;
- Tipo de lesão sofrida pelo acidentado;
- Parte do corpo atingida;
- Total de dias de incapacidade (dias perdidos);
- Tipo de incapacidade final após o fecho do processo (consequências);
- Índice de desvalorização, no caso de incapacidade permanente parcial;
- Custo total da indemnização pelo acidente.

5.1. Caracterização dos Dados

A nomenclatura ou designação utilizada pela companhia de seguros, para a caracterização das variáveis de dados dos acidentes existentes na amostra, era idêntica à nomenclatura utilizada na Metodologia das Estatísticas Europeias de Acidentes de Trabalho (EEAT) [58]. Esta amostra de dados continha 14 variáveis, mas em que cada variável possuía várias modalidades ou sub-variáveis que, agregadas, caracterizavam cada uma dessas variáveis. De modo a possibilitar uma melhor compreensão de cada uma das variáveis utilizadas, apresenta-se, de seguida, uma breve descrição de cada uma. Excluíram-se do âmbito desta descrição, as variáveis «Data de nascimento», «Índice de desvalorização» e «Custo total da indemnização pelo acidente», já que estas variáveis não fizeram parte do âmbito da tese.

Sector de actividade económica onde trabalhava o acidentado

A variável do sector de actividade económica onde trabalhava o acidentado, é caracterizada através da Classificação Portuguesa das Actividades Económicas, na versão da revisão 2.1; abreviadamente designada de CAE – Rev. 2.1., aprovada pelo D.L. nº 197/2003, de 27 de Agosto, sendo esta a versão que vigorava quando estes dados foram cedidos. Esta classificação das actividades económicas está harmonizada com a Nomenclatura das Actividades Económicas da Comunidade Europeia, na sua versão revista 1.1. (NACE Rev. 1.1). A classificação do NACE é também adoptada na Metodologia das Estatísticas Europeias de Acidentes de Trabalho (EEAT).

Ao considerar o sector de actividade económica onde trabalhava o acidentado, em sentido lato, subentende-se a actividade económica principal da unidade local da empresa em que trabalhava o acidentado, ou seja, a actividade económica principal do empregador ou do próprio acidentado, no caso de profissão liberal. Por actividade principal, e de acordo com a Metodologia EEAT de 2001, entende-se como a actividade económica mais importante em termos de número de trabalhadores.

Ano de ocorrência do acidente

A amostra de dados continha os registos dos acidentes de viação em trabalho ou acidentes rodoviários ocupacionais, participados à companhia de seguros entre o dia 1 de Janeiro de 2000 e o dia 31 de Dezembro de 2007.

Data da ocorrência do acidente

A amostra de dados continha os registos referentes às datas de ocorrência dos acidentes de viação em trabalho ou acidentes rodoviários ocupacionais, nomeadamente o dia do mês, o mês e o ano.

Dia da semana em que ocorreu o acidente

A amostra de dados continha os registos dos dias da semana em que ocorreram os acidentes de viação em trabalho ou acidentes rodoviários ocupacionais, incluindo também os dias de fim-de-semana (Sábados e Domingos).

Tipo de ocorrência

O tipo de ocorrência do acidente foi, talvez, uma das variáveis mais importantes desta amostra de dados. Esta variável foi classificada em quatro modalidades. A definição e codificação dessas modalidades não se encontram harmonizadas com nenhum referencial estatístico, nomeadamente do EEAT de 2001. As definições e codificações foram especificadas, internamente, pela companhia de seguros e utilizadas ao longo da tese. As modalidades da variável «Tipo de ocorrência», nesta amostra de dados, bem como as suas definições, foram as seguintes:

- **Veículos (Exclui /Viação/Trajecto)**
Esta modalidade caracterizava os acidentes com veículos, dos quais se excluem os acidentes de viação em trajecto e em missão. Incluem-se nesta modalidade todos os acidentes com veículos, ocorridos internamente na empresa.

- **Viação (Exclui /Trajecto/2 rodas)**
Esta modalidade caracterizava todos os acidentes de viação ocorridos ao serviço da empresa (em missão), com veículos de quatro rodas. Excluem-se os acidentes em trajecto com veículos de quatro rodas e os acidentes com veículos de duas rodas, em trajecto e em missão. O conceito de acidente de viação utilizado pela companhia de seguros, era idêntico ao conceito do Eurogip e do EEAT de 2001.

- **Trajecto (Exclui 2 rodas)**
Esta modalidade caracterizava os acidentes em trajecto com veículos de quatro rodas, excluindo-se todos os acidentes em trajecto com veículos de duas rodas. O conceito de acidente em trajecto utilizado pela companhia de seguros era idêntico ao conceito do Eurogip e do EEAT de 2001 e idêntico ao conceito de acidente em trajecto, preconizado na legislação nacional.

- **Trajecto em veículos de 2 rodas**
Esta modalidade caracterizava os acidentes em trajecto com veículos de duas rodas. Os acidentes de viação (em missão), em veículos de duas rodas, também eram incluídos nesta definição.

Idade do acidentado à data do acidente

Para além da data de nascimento, esta amostra de dados continha os registos referentes à idade dos acidentados, à data da ocorrência do acidente.

Sexo do acidentado

A amostra de dados continha os registos sobre o sexo dos acidentados. Na ausência de registo sobre o sexo do acidentado, ou noutra circunstância em que o sexo do acidentado não é reconhecido, foi dada a codificação de sexo não atribuído (MF), tendo como objectivo a preservação dos outros dados registados sobre o acidente, nas restantes variáveis.

Tipo de lesão sofrida pelo acidentado

A amostra de dados continha os registos relativos ao tipo de lesões sofridas pelos acidentados, descrevendo as suas consequências físicas. As classificações utilizadas para a lesão sofrida pelo acidentado, correspondiam às designações de cada um dos subgrupos de lesão, podendo incluir também a designação dos tipos de lesões principais. As classificações utilizadas para esta variável, estavam conforme o referencial da Metodologia EEAT de 2001.

Parte do corpo atingida

As classificações utilizadas nos registos de dados relativos à parte do corpo do acidentado que sofreu a lesão correspondiam, essencialmente, às designações da parte do corpo com dano físico de maior gravidade, no caso de diferentes partes do corpo terem sofrido várias lesões. Noutros casos foi usada uma designação de outras partes do corpo atingidas não especificadas. No entanto, as classificações utilizadas referiam-se essencialmente às designações de cada um dos subgrupos da parte do corpo atingida, podendo incluir também a designação do grupo principal das partes do corpo atingidas. As classificações utilizadas para esta variável, estavam conforme o referencial da Metodologia EEAT de 2001.

Total de dias de incapacidade (dias perdidos)

A amostra de dados continha os registos sobre o total de dias perdidos pelo acidentado. Entendeu-se por total de dias perdidos, o número de dias civis em que o sinistrado é incapaz de trabalhar devido a um acidente de trabalho. Apenas foram considerados neste pressuposto, os acidentes de trabalho que implicavam uma ausência ao trabalho superior a três dias civis completos, para além do dia do acidente. Todos os acidentes com ausência inferior a três dias civis, foram considerados de acidentes sem incapacidade.

Nos casos de incapacidade total para o trabalho ou morte, o número de dias perdidos antes do reconhecimento da incapacidade permanente ou da morte, não foram reconhecidos.

Tipo de incapacidade final (consequências)

Nesta amostra de dados, os registos sobre as consequências finais para o acidentado, em termos de incapacidade física, foram feitos após a alta médica definitiva, ou seja, após o fecho do processo. As classificações dadas pela companhia de seguros nesta variável, incluíam a alta sem incapacidade permanente, a incapacidade permanente absoluta para todo e qualquer trabalho, a incapacidade permanente absoluta para o trabalho habitual, a incapacidade permanente parcial, a suspensão do tratamento (por descaracterização do acidente), os casos sem informação evidente e o acidente mortal. Considerou-se o acidente mortal, de acordo com a definição do EEAT de 2001, «o acidente de que resulte a morte da vítima num período de um ano, após o dia da sua ocorrência».

5.2. Tratamento dos Dados

A partir dos dados de origem cedidos pela Companhia de Seguros, procedeu-se ao seu tratamento e análise com recurso a técnicas no âmbito da estatística uni e multidimensional. Este trabalho conduziu a uma série de resultados consistentes, de acordo com os critérios firmados na respectiva avaliação e posterior interpretação. Na figura 15 encontra-se o esquema metodológico utilizado, baseado num esquema de Pereira, 1990 [60].

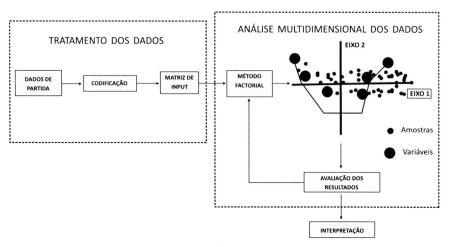

FIGURA 15 – Esquema metodológico utilizado no tratamento e análise dos dados.
Fonte: Adaptado de Pereira [60].

Como se pode observar pela figura 15, o tratamento dos dados centrou-se na codificação dos dados de partida, daqui resultando uma matriz de *input* para a análise exploratória dos dados, com recurso a métodos factoriais de análise de dados. Entende-se, neste trabalho, por codificação dos dados de partida, toda uma série de operações de transformação e rearranjo dos dados, até se obterem as matrizes de *input* necessárias aos tratamentos subsequentes. Este processo foi executado em diversas fases até se chegar à matriz final de *input*, com todos os dados registados em código binário.

5.2.1. Fases do tratamento dos dados

A amostra de dados original, cedida pela Companhia de Seguros, passou por diversas fases de tratamento, tendo como objectivo a sua preparação (criação da matriz de *input*) para se poder analisar os dados utilizando um *software* apropriado, equacionando as possíveis correlações existentes entre as várias modalidades das variáveis que os constituíam. De forma muito resumida, as várias fases do tratamento foram caracterizadas da seguinte forma:

1ª Fase

Nesta fase seleccionaram-se as variáveis e as várias modalidades de cada variável, consideradas como as mais importantes para o desenvolvimento do trabalho, na análise multidimensional dos dados, utilizando as classificações do referencial da Metodologia EEAT de 2001. A selecção das variáveis e suas modalidades baseou-se, por um lado, num critério de praticabilidade na utilização dos dados e, por outro lado, num critério de harmonização e simplificação, utilizando-se para o efeito, as classificações do referencial EEAT de 2001. Atendendo a que a matriz de dados inicial continha variáveis de diferentes naturezas (tendo em vista as métricas em que se exprimem, por exemplo, as variáveis «Idade» e «Tipo de lesão sofrida pelo acidentado»), foi necessário assegurar a homogeneidade das variáveis, através de uma codificação prévia dos dados de partida. Essa codificação passou pela transformação de algumas variáveis mensuráveis em ordinais, subdivididas em várias classes (designadas por modalidades da variável).

Desta forma, seleccionaram-se as onze variáveis que se seguem, para análise de dados:

- Sector de actividade económica onde trabalhava o acidentado;
- Ano de ocorrência do acidente;
- Mês de ocorrência do acidente;
- Dia da semana de ocorrência do acidente;
- Tipo de ocorrência;

- Classes de idades;
- Sexo do acidentado;
- Tipo de lesão sofrida pelo acidentado;
- Parte do corpo atingida;
- Intervalos de dias perdidos;
- Consequências dos acidentes.

Dentro destas onze variáveis, seleccionaram-se oitenta e oito modalidades.

2ª Fase

Numa segunda fase, fez-se a agregação dos dados das diversas variáveis, nas modalidades seleccionadas. A agregação dos dados de algumas das variáveis nas modalidades seleccionadas, teve por objectivo a simplificação da análise posterior desses dados, através do *software* utilizado no tratamento das matrizes multidimensionais de dados. Em algumas variáveis, os registos dos dados apresentavam, na amostra original, uma enorme quantidade de modalidades, o que tornaria impraticável a utilização do *software* para a análise dos dados, inviabilizando a execução deste trabalho. A agregação em determinadas modalidades foi feita nas seguintes variáveis, presentes na amostra inicial:

- **Sector de actividade económica onde trabalhava o acidentado** – Agregação das subclasses de classificação da CAE-Rev.2.1. (codificação numérica), apresentadas na amostra inicial de dados, nas secções principais de classificação do CAE-Rev.2.1. a partir da sua codificação alfabética.

- **Classes de idades do acidentado** – Agregação dos registos isolados de determinadas idades, em intervalos de idades, sendo que esses intervalos de idades constituíram as modalidades principais desta variável, classificadas como classes de idades.

- **Tipo de lesão sofrida pelo acidentado** – Agregação dos registos das classificações dos subgrupos do tipo de lesão, nas suas classificações principais, sendo que estas classificações constituíram as modalidades principais da variável «Tipo de lesão sofrida pelo acidentado». A classificação utilizada para estas modalidades foi conforme o referencial EEAT de 2001.

- **Parte do corpo atingida** – Agregação dos registos das classificações dos subgrupos da parte do corpo atingida, nas suas classificações principais, sendo que estas classificações constituíram as modalidades principais da variável «Parte do corpo atingida». A classificação utilizada para estas modalidades foi conforme o referencial EEAT de 2001.

- **Total de dias perdidos** – Agregação dos registos isolados dos dias de incapacidade ou dias perdidos, em intervalos de dias perdidos, sendo que estes intervalos de dias perdidos, constituíram as modalidades principais da variável «Total de dias perdidos». A classificação utilizada para estas modalidades foi conforme o referencial EEAT de 2001.

3ª Fase

Em simultâneo com a execução da 2ª fase do tratamento dos dados de partida, transformaram-se os valores e atributos dos registos desses dados de partida, em valores de código binário 1 e 0, representativos da descrição lógica de presença/ausência respectivamente, de cada ocorrência ou amostra (linhas da matriz), por cada modalidade seleccionada nas diversas variáveis e independentemente de serem valores numéricos ou atributos de natureza qualitativa.

4ª Fase

Esta fase consistiu na selecção final das modalidades de cada variável, eliminando algumas das modalidades sem dados registados e agregando as modalidades com dados menos relevantes, em apenas uma modalidade. O objectivo desta agregação de modalidades foi o de reunir, numa mesma modalidade, um maior número de dados que pudessem ser tratados posteriormente, devido ao número pouco relevante de dados registados em cada modalidade isoladamente. Nesta fase, fez-se também a validação dos valores de presença, com atributo 1 por cada modalidade e atribuíram-se códigos próprios para cada uma das modalidades finais seleccionadas.

Após a 4ª fase, a tabela construída e codificada em disjuntiva completa (matriz *input*) para o primeiro ensaio, apresentou-se como uma matriz de 88 colunas cuja soma em linha era sempre igual a 11 (número de variáveis) e cuja soma em coluna resultava na frequência absoluta de cada modalidade das diferentes variáveis.

5.3. Análise da Frequência Relativa dos Dados Tratados

Após o tratamento dos dados originais, o quadro de dados da matriz de *input*, permitiu uma primeira análise aos valores encontrados, em termos de frequência relativa das várias modalidades seleccionadas. Desta forma foram calculados os valores relativos da frequência de acidentes rodoviários ocupacionais em cada modalidade, relativamente ao valor total de acidentes, desde 1 de Janeiro de 2000 até 31 de Dezembro de 2007. A frequência relativa foi calculada a partir do valor de frequência absoluta de acidentes em cada modalidade, por cada 1000 acidentes rodoviários ocupacionais registados nesta matriz de dados, desde 1 de Janeiro de 2000 até 31 de Dezembro de 2007.

A fórmula de cálculo para a frequência relativa foi dada por:

$$Fr_n = \frac{Fa_n}{T_{acid}} \times 1000$$

e em que :

Fr_n – Frequência relativa da modalidade n.

Fa_n – Frequência absoluta da modalidade n.

T_{acid} – Total de acidentes da matriz.

Nas figuras seguintes encontram-se representados alguns exemplos das frequências relativas das modalidades de algumas das variáveis seleccionadas.

Na variável, «Sector de actividade económica onde trabalhava o acidentado», como se pode observar pela figura 16, é visível a predominância de acidentes rodoviários ocupacionais no sector «D – Indústrias transformadoras», com uma frequência relativa de 383,6 acidentes por cada 1000 acidentes rodoviários ocupacionais ocorridos, seguido dos sectores «F – Construção», «G – Comércio a grosso e a retalho, etc.» e «I – Transportes, armazenagem e comunicações», com frequências relativas muito próximas.

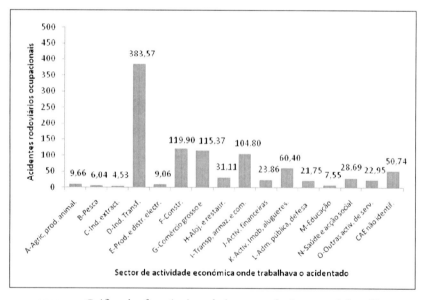

FIGURA 16 – Gráfico das frequências relativas, em relação ao total de acidentes rodoviários ocupacionais (por 1000 acidentes), para as modalidades da variável «Sector de actividade onde trabalhava o acidentado».

Na variável «Tipo de ocorrência» e de acordo com os dados, predominam os «Acidentes em trajecto com veículos de quatro rodas», com uma frequência relativa de 369,4 acidentes rodoviários ocupacionais por cada 1000 acidentes rodoviários ocupacionais ocorridos, sendo este um valor relativo bastante elevado. Seguem-se os «Acidentes em trajecto com veículos de duas rodas», com uma frequência relativa de 316,8 acidentes rodoviários ocupacionais por cada 1000 acidentes rodoviários ocupacionais ocorridos, conforme se pode constatar na figura 17. Pela análise das frequências relativas das quatro modalidades da variável «Tipo de ocorrência» e com base nestes dados, conclui-se que os «Acidentes em trajecto com veículos de quatro rodas», comparativamente com os outros tipos de ocorrência, nomeadamente com os «Acidentes de viação», apresentam valores preocupantes e com uma tendência idêntica à de outros países da Europa, como por exemplo a França ou a Espanha.

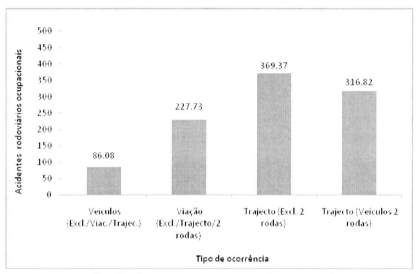

FIGURA 17 – Gráfico das frequências relativas, em relação ao total de acidentes rodoviários ocupacionais (por 1000 acidentes), para as modalidades da variável «Tipo de ocorrência».

As modalidades da variável «Classes de idades» que mais se destacam nos dados, são as modalidades referentes às classes de idades de «25 a 34 anos» e de «35 a 44 anos», como se pode observar na figura 18. Na modalidade de idades de «25 a 34 anos», a frequência relativa é de 281, 2 acidentes rodoviários ocupacionais por cada 1000 acidentes rodoviários ocupacionais ocorridos e na modalidade de idades de «35 a 44 anos», a frequência relativa é de 226,5 acidentes rodoviários ocupacionais por cada 1000 acidentes rodoviários ocupacionais ocorridos.

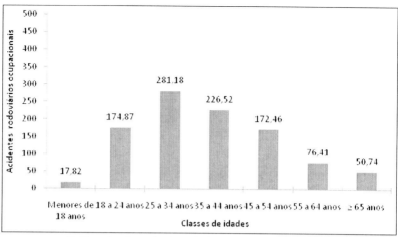

FIGURA 18 – Gráfico das frequências relativas, em relação ao total de acidentes rodoviários ocupacionais (por 1000 acidentes), para as modalidades da variável «Classes de idades».

Como se pode constatar pela observação da figura 19, na variável «Parte do corpo atingida», a modalidade «Cabeça, não especificado», destaca-se notoriamente das demais modalidades. A frequência relativa desta modalidade é de 463,9 acidentes rodoviários ocupacionais por cada 1000 acidentes rodoviários ocupacionais ocorridos.

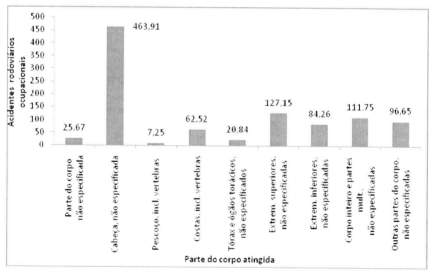

FIGURA 19 – Gráfico das frequências relativas, em relação ao total de acidentes rodoviários ocupacionais (por 1000 acidentes), para as modalidades da variável «Parte do corpo atingida».

5.4. Metodologia Empregue na Análise Multidimensional dos Dados

5.4.1. Introdução

A análise dos dados processou-se em duas fases sequenciais, através da aplicação de um método exploratório, conforme se pode constatar da figura 15. Na primeira fase, a metodologia utilizada foi a análise factorial das correspondências binárias, através do *software* «Andad»[23], que permitiu identificar as estruturas relacionais ou correlações mais significativas, existentes entre as modalidades das diversas variáveis da matriz de *input*, sujeitas à análise. Na segunda fase, a metodologia utilizada na análise de dados e aqui designada por avaliação dos resultados, permitiu validar as correlações mais significativas entre modalidades, detectadas na análise factorial de correspondências binárias, utilizando um critério definido a partir da comparação dos valores de frequência relativa das modalidades correlacionadas. Os valores de frequência relativa foram encontrados através do isolamento das modalidades de algumas das variáveis correlacionadas, previamente seleccionadas na matriz de *input* gerada no tratamento de dados, criando assim matrizes independentes para cada uma dessas modalidades.

5.4.2. Análise factorial das correspondências (AFC)

A análise factorial das correspondências (daqui em diante simplesmente designada por AFC), sendo um dos métodos factoriais da Análise de Dados, integrado no domínio da Estatística Multivariada, é uma técnica essencialmente descritiva e adaptada, por excelência, ao tratamento de dados contidos em quadros muldimensionais de grandes dimensões (os princípios teóricos da AFC encontram-se fundamentados em disciplinas como a Álgebra Linear e a Estatística Multivariada), como o da matriz de *input* aqui presente. A AFC possui como objectivo, a descrição das estruturas relacionais subjacentes aos dados de partida[24].

A partir de uma matriz de *input* constituída por 0 e 1, é possível encontrar os "factores" (características estruturais básicas) que melhor explicam as relações de proximidade e de oposição no interior do conjunto das Q variáveis (e p modalidades), no interior do conjunto das n amostras e nos dois conjuntos em simultâneo (ver figura 20).

---

[23] Software utilizado neste trabalho e desenvolvido por Jorge Sousa e colaboradores, CVRM/IST, Versão 7.1 de 2000.
[24] A propósito dos métodos factoriais, observam Garcia Pereira e Jorge de Sousa [59] «...O objectivo dos métodos descritivos é encontrar, com um mínimo de hipóteses à priori, uma representação aproximada do quadro de partida que garanta o máximo de conformidade geométrica com os dados...».

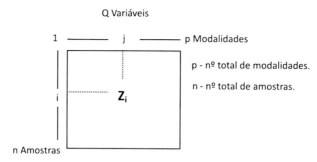

FIGURA 20 – Matriz de partida para a Análise de Dados (AFC).

Inerente à aplicação prática dos métodos factoriais, está a definição de uma estratégia recursiva, baseada na confrontação entre a codificação dos dados iniciais e a posterior avaliação dos resultados obtidos, em função da codificação adoptada. A justeza dos resultados só pode ser avaliada e validada caso a caso, face à clareza das interpretações sugeridas pela projecção da nuvem de pontos, o que implica "voltar atrás" muitas vezes, numa perspectiva retroactiva (como indicado na figura 15), para que se possam ensaiar novas codificações, analisando-se em seguida as eventuais melhorias que essas modificações produziram no esclarecimento do fenómeno em estudo.

Na AFC, os factores, hierarquizados por ordem decrescente da sua importância para a explicação da tabela de partida, constituem um sistema de eixos ortonormais (espaço de dimensão compatível com a interpretação) onde é possível visualizar, sob a forma gráfica, as projecções da matriz de dados. A interpretação das projecções baseia-se num conjunto de regras que pretendem evidenciar as relações mais importantes existentes nos dados de partida, ou seja, *"...a interpretação dos gráficos faz apelo a conceitos topo-morfológicos, ligados à posição relativa das projecções da nuvem inicial no espaço dos factores retidos e à própria forma sugerida pelo conjunto dessas projecções..."*, Garcia Pereira [60].

A AFC permite-nos visualizar, através de gráficos bidimensionais (planos factoriais), conseguidos à custa de uma redução na dimensionalidade espacial dos dados de partida, não só o sistema de relações no interior de cada um dos conjuntos formados pelas modalidades (colunas da matriz), ou pelos indivíduos ou amostras (linhas da matriz), mas também os sistemas de relações conjuntos existentes entre modalidades e indivíduos. Embora uma das vantagens na aplicação da AFC resida na possibilidade de se visualizarem simultaneamente, as estruturas entre as modalidades e os indivíduos, o uso que dela se fez neste estudo resumiu-se à descrição da estrutura relacional entre modalidades (correlação entre modalidades).

5.4.3. Critérios de interpretação dos planos factoriais

A leitura e consequente interpretação dos planos factoriais tem de atender à relação dos eixos com as modalidades, ao modo como o eixo separa as modalidades (critérios geométricos de proximidade e de afastamento) e, quando pertinente, aos aspectos morfológicos da nuvem das projecções das amostras, nos planos factoriais.

Neste estudo, considerou-se que uma modalidade está relacionada com o eixo, sempre que o seu coeficiente de correlação com esse eixo ultrapassa |0,5|. A consideração dos factores (eixos) a reter na análise, privilegia o poder explicativo que determinado factor tem para uma dada modalidade, embora a variabilidade do sistema, explicada por esse factor, possa ser reduzida.

A análise dos *outputs* gráficos, obtidos a partir da aplicação da AFC, obedece ainda a algumas regras de interpretação, que passam pela escolha do número de eixos de inércia a reter (procuram-se taxas de inércia explicada com percentagens aceitáveis), pela simplicidade da interpretação, pela posição e contribuição absoluta das modalidades para a construção do eixo factorial (a contribuição relativa intervém na análise de modalidades ou indivíduos particulares), pela forma da nuvem de projecções cuja distribuição espacial pode dar indicações sobre a estrutura subjacente ao quadro de partida, etc. «...*A interpretação dos resultados de uma AFC consiste em atribuir um significado aos eixos de inércia, em termos de propriedades – (ou indivíduos) que os explicam; num segundo passo, as proximidades e oposições entre indivíduos e propriedades são interpretadas com base no significado conferido aos eixos no primeiro passo...*» Garcia Pereira e Jorge de Sousa [59].

5.4.4. Plano geral dos ensaios para a AFC

A AFC seguiu um caminho específico, destinado a explorar os dados iniciais contidos na matriz de *input*. Os ensaios do trabalho exploratório foram planeados a partir das possíveis correlações entre as modalidades das variáveis seleccionadas, de modo que os *outputs* da análise factorial das correspondências binárias, com o *software* «Andad», fossem sucessivamente analisados, até se encontrarem, ou não, resultados válidos.

Sendo esta análise de dados, através da AFC, um trabalho exploratório em que os objectivos são, essencialmente, encontrar as correlações mais significativas num grupo de várias modalidades das variáveis seleccionadas e, dado que na matriz de *input* se encontravam oitenta e oito modalidades, das 11 variáveis, para utilizar na AFC, tornou-se necessário restringir o âmbito de intervenção do trabalho exploratório, de modo a limitar o número de ensaios de variáveis para análise e aumentar, desta forma, a possibilidade de sucesso dos resultados da AFC. Neste sentido, fixaram-se três variáveis como elementos principais, para a análise das possíveis correlações com as demais variáveis.

Das 11 variáveis resultantes do tratamento dos dados, foram seleccionadas aquelas que pareceram ser as mais interessantes para este trabalho e que poderiam causar um impacto mais forte nos resultados, fixando-as no plano de ensaios do trabalho exploratório para a AFC. Para a sua selecção usou-se não só um critério baseado na sensibilidade e experiência no terreno, mas considerando-se também a possibilidade de utilização futura deste estudo no desenvolvimento do tema da «Segurança Rodoviária Ocupacional».

Como variáveis fixas[25], no plano de ensaios, seleccionaram-se as seguintes variáveis com as respectivas modalidades:

- «Sector de actividade económica onde trabalhava o acidentado», com 16 modalidades;
- «Tipo de ocorrência», com 4 modalidades;
- «Consequências dos acidentes», com 6 modalidades.

Como variáveis móveis[26], no plano de ensaios, seleccionaram-se as seguintes variáveis com as respectivas modalidades:

- «Classes de idades», com 7 modalidades;
- «Sexo do acidentado», com 3 modalidades;
- «Tipo de lesão sofrida pelo acidentado», com 7 modalidades;
- «Parte do corpo atingida», com 9 modalidades;
- «Intervalos de dias perdidos», com 9 modalidades.

De acordo com o plano dos ensaios do trabalho exploratório, numa primeira fase, na AFC, ensaiaram-se as possíveis correlações entre as modalidades de duas variáveis, utilizando as variáveis fixas «Sector de actividade económica», «Tipo de ocorrência» e «Consequências», com as restantes variáveis. Fizeram-se 18 ensaios, dos quais resultaram 49 resultados válidos de correlações entre as modalidades das variáveis seleccionadas. Numa segunda fase, ensaiaram-se as possíveis correlações entre as modalidades de três variáveis, utilizando o mesmo critério dos ensaios com duas variáveis, através das variáveis fixas «Sector de actividade económica», «Tipo de ocorrência» e «Consequências», com as restantes variáveis. Fizeram-se 46 ensaios, dos quais resultaram 21 resultados válidos de correlações entre as modalidades das variáveis seleccionadas.

---

[25] No *software* utilizado, a variável fixa é entendida como variável activa.
[26] No *software* utilizado, a variável móvel é entendida como variável complementar.

5.5. Análise Multidimensional dos Dados

5.5.1. Descrição do processo de trabalho exploratório na AFC

A partir da grelha do plano de ensaios do trabalho exploratório para a AFC, foi introduzido no *software* «Andad», o ficheiro de *input*, considerando-se, em cada ensaio, as modalidades seleccionadas das variáveis correspondentes às correlações anteriormente previstas no planeamento e que interessavam estudar. A figura 21 permite uma visualização sobre o processo utilizado no trabalho exploratório dos dados iniciais, em termos de AFC.

Para cada ensaio, foi executado um relatório onde constavam o quadro da contribuição absoluta das modalidades para a construção do eixo factorial, o gráfico dos planos factoriais onde se assinala as relações topo-morfológicas entre as modalidades das variáveis seleccionadas para cada ensaio e a avaliação dos resultados obtidos no ensaio.

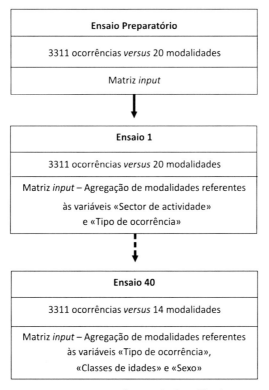

FIGURA 21 – Excerto da sequência utilizada no Plano Geral dos Ensaios, destinado a explorar os dados iniciais, em termos de Análise Factorial de Correspondências (AFC).

Cada ensaio iniciou-se com a introdução, no *software* «Andad», das modalidades das variáveis seleccionadas. De seguida, fez-se a análise da contribuição absoluta de cada modalidade, em cada eixo, no quadro da contribuição absoluta das modalidades para a construção do eixo factorial, assinalando-se os valores em que a contribuição absoluta de cada modalidade relacionada com esse eixo, é superior ao valor determinado pela equação (100/nº de modalidades das variáveis seleccionadas para cada ensaio).

A partir dos gráficos dos planos factoriais, fez-se uma análise exaustiva da relação topo-morfológica entre as modalidades das variáveis seleccionadas para o ensaio. A aproximação topo-morfológica entre modalidades foi validada, numa primeira abordagem, tendo em atenção os critérios descritos anteriormente no ponto 4.4.3.

Sempre que surgiram situações de aproximação topo-morfológica entre modalidades, recorreu-se ao quadro da contribuição absoluta das modalidades, para validar a real projecção das modalidades estudadas. Nesse quadro verificaram-se os valores das contribuições absolutas de cada modalidade, nos eixos de projecção, de modo a validar a correlação entre as modalidades e submetê-la, posteriormente, a uma metodologia de avaliação e validação dos resultados. No caso dos valores das contribuições absolutas das modalidades para a construção do eixo factorial, projectadas nos eixos referidos, ultrapassar o valor determinado pela equação (100/nº de modalidades das variáveis seleccionadas para cada ensaio), a correlação entre as modalidades será avaliada/validada posteriormente na metodologia de avaliação de resultados.

5.5.2. Avaliação dos resultados – Critério para a validação das correlações

A segunda fase da metodologia utilizada neste tratamento dos dados, em sequência com a análise factorial de correspondências binárias, teve como objectivo principal identificar, a partir dos resultados obtidos nas correlações entre modalidades através da AFC, aquelas que possuíam valores significativos e consistência no resultado final, de modo a poderem ser validadas e posteriormente interpretadas.

Tomando como referência os objectivos definidos para a avaliação dos resultados, foi necessário adoptar um critério de valorização numérica, baseado nos valores de frequência relativa das modalidades que exibem forte correlação, encontrada na AFC, em relação aos valores absolutos das modalidades das variáveis correlacionadas. Esses valores foram depois comparados com os outros valores de frequência relativa das modalidades correlacionadas, com as restantes modalidades das variáveis da correlação encontrada na AFC.

Para viabilizar o uso deste critério, foi necessário calcular as frequências relativas das correlações de todas as modalidades das variáveis fixas seleccionadas no plano de ensaios, em relação aos valores absolutos da 1ª e da 2ª modalidade, das possíveis correlações a avaliar, para o caso das correlações entre duas modalidades encontradas na AFC. Para isso, procedeu-se ao isolamento das modalidades das variáveis fixas seleccionadas, utilizando a matriz de *input* gerada no tratamento de dados. Este método permitiu criar matrizes independentes para cada modalidade e depois determinar os valores absolutos e relativos das possíveis correlações entre a modalidade da variável fixa seleccionada, com as modalidades das outras variáveis móveis, utilizadas no plano de ensaios.

No caso das correlações entre três modalidades encontradas na AFC, o critério definido foi ligeiramente diferente do critério adoptado para as correlações encontradas entre duas modalidades. Neste caso, e como se trata da correlação entre três modalidades, optou-se por se considerar como variável fixa na correlação, a correlação entre as duas primeiras modalidades, partindo do princípio que a sua correlação já teria sido validada anteriormente, no processo de avaliação dos resultados entre duas modalidades.

Para viabilizar o uso deste critério, foi necessário calcular as frequências relativas das três modalidades correlacionadas, em relação aos valores absolutos da 1ª e 2ª modalidades ou, neste caso da modalidade fixa. Para isso procedeu-se ao isolamento da correlação entre a 1ª e 2ª modalidades, utilizando a matriz de isolamento da 1ª modalidade fixa da correlação, gerada na avaliação de resultados das correlações entre duas variáveis. Este método permitiu criar matrizes independentes para cada correlação entre duas modalidades e depois determinar os valores absolutos das possíveis correlações entre as duas modalidades fixas, com as modalidades das outras variáveis móveis.

5.6. Resultados Mais Relevantes

Após a análise dos dados, fez-se a interpretação dos resultados obtidos. As interpretações foram feitas a partir dos valores de frequência relativa das correlações validadas na análise de dados, em relação às modalidades correlacionadas e em relação ao valor total de acidentes rodoviários ocupacionais, da amostra de dados. Por um lado, este critério permitiu conhecer o impacto das situações evidenciadas nas correlações validadas, em relação a cada uma das modalidades correlacionadas, obrigando a uma análise orientada para a representatividade que cada modalidade possuía, no universo da outra modalidade correlacionada. Por outro lado, este critério permitiu avaliar o impacto criado por cada situação evidenciada nas correlações validadas, em termos globais, na amostra de dados que serviu de base para este estudo.

Os resultados alcançados neste estudo são bem expressivos e representativos de um problema, escamoteado pela universalidade dos acidentes de viação, e que está patente, também no quotidiano da Segurança Rodoviária. Sem dúvida que as variáveis que fizeram a diferença, entre os resultados obtidos neste trabalho e os resultados de um outro qualquer trabalho feito exclusivamente no âmbito dos acidentes rodoviários, foram as variáveis «Sector de actividade» e «Tipo de ocorrência». Desta forma, introduziram-se duas variáveis importantes, no seio da complexa dicotomia entre a Segurança Rodoviária e a Segurança e Saúde do Trabalho. Daqui resulta, de forma objectiva, o primeiro critério utilizado na escolha dos resultados para este estudo, aliado ao impacto da situação escolhida, relativamente ao conhecimento actual do estado de arte da Segurança Rodoviária, face à Segurança e Saúde do Trabalho e vice-versa, no nosso país.

Os outros critérios que foram utilizados na escolha dos resultados, basearam-se nos valores de frequência relativa das correlações entre modalidades, em relação a cada modalidade correlacionada e basearam-se também nos valores de frequência relativa das correlações entre modalidades validadas, em relação ao valor total de acidentes rodoviários ocupacionais, da amostra de dados.

Depois da análise global dos resultados e das várias correlações que foi possível encontrar, foi decidido, no âmbito do estudo, abordar com maior profundidade as seguintes correlações entre três modalidades:

1. Correlação entre os acidentes em trajecto com veículos de duas rodas, no sector de actividade «Indústrias transformadoras», com a cabeça como parte do corpo atingida;
2. Correlação entre os acidentes em trajecto com veículos de quatro rodas, no sector de actividade «Indústrias transformadoras», no sexo feminino;
3. Correlação entre os acidentes em trajecto com veículos de quatro rodas, no sector de actividade «Saúde e acção social», no sexo feminino.

5.6.1. Correlação entre os acidentes em trajecto com veículos de duas rodas, no sector de actividade «Indústrias Transformadoras», com a cabeça como parte do corpo atingida

A correlação encontrada entre os acidentes em trajecto com veículos de duas rodas, no sector de actividade «Indústrias transformadoras», com a cabeça como parte do corpo atingida, mereceu uma particular atenção, pelo significado que esta situação representa na interacção entre a Segurança Rodoviária e a Segurança e Saúde do Trabalho, ao nível do esforço de prevenção.

Em primeiro lugar, observou-se na 1ª variável, ou seja na relação entre as modalidades «Indústrias transformadoras» e «Acidentes em trajecto com veículos de duas rodas», uma forte correlação, traduzida numa frequência relativa de 446,4 acidentes em trajecto com veículos de duas rodas, no sector

«Indústrias transformadoras», por 1000 acidentes rodoviários ocupacionais no sector «Indústrias transformadoras». A figura 22 apresenta o gráfico de comparação dos valores de frequência relativa das modalidades das variáveis «Sector de actividade onde trabalhava o acidentado» e «Tipo de ocorrência» correlacionadas, em relação às modalidades da variável «Sector de actividade em que trabalhava o acidentado», em que se pode observar a liderança dos acidentes em trajecto com veículos de duas rodas, no sector «Indústrias transformadoras».

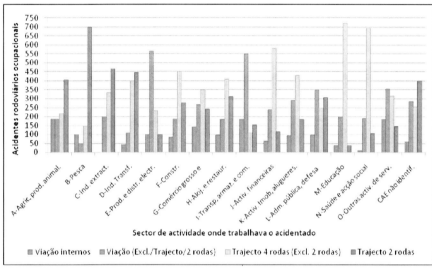

FIGURA 22 – Gráfico das frequências relativas das modalidades das variáveis «Sector de actividade onde trabalhava o acidentado» e «Tipo de ocorrência» correlacionadas, em relação às modalidades da variável «Sector de actividade onde trabalhava o acidentado» (por 1000 acidentes).

A figura 23 apresenta o gráfico de comparação dos valores de frequência relativa das modalidades das variáveis «Sector de actividade onde trabalhava o acidentado» e «Tipo de ocorrência» correlacionadas, em relação às modalidades da variável «Tipo de ocorrência», onde se pode observar a liderança do sector «Indústrias transformadoras», nos acidentes em trajecto com veículos de duas rodas. Com base nestes dados, a frequência relativa dos acidentes em trajecto com veículos de duas rodas, no sector «Indústrias transformadoras», é de 540,5 acidentes, por 1000 acidentes em trajecto com veículos de duas rodas.

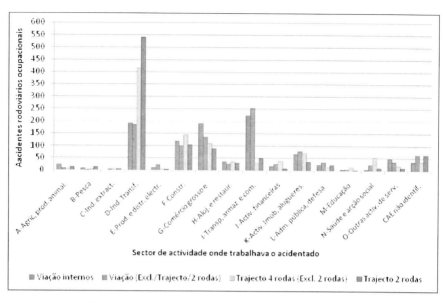

FIGURA 23 – Gráfico das frequências relativas das modalidades das variáveis «Sector de actividade onde trabalhava o acidentado» e «Tipo de ocorrência» correlacionadas, em relação às modalidades da variável «Tipo de ocorrência» (por 1000 acidentes).

Com base nestes dados, concluiu-se que:

– Os acidentes em trajecto com veículos de duas rodas, têm uma grande expressão no sector «Indústrias transformadoras», liderando, em comparação com os outros tipos de ocorrência, com 44,6% do total de acidentes rodoviários ocupacionais, neste sector de actividade;
– O sector de actividade «Indústrias transformadoras», lidera, nos acidentes em trajecto com veículos de duas rodas, em comparação com os outros sectores de actividade, representando 54% dos acidentes rodoviários ocupacionais neste tipo de ocorrência.

Em termos globais, a correlação entre as modalidades «Indústrias transformadoras» e «Acidentes em trajecto com veículos de duas rodas», apresentou o maior valor de frequência relativa, de entre todos os resultados validados, com 17,1% do total de acidentes rodoviários ocupacionais da amostra de dados.

Não sendo objectivo essencial deste estudo, a preconização dos elementos causais dos valores de frequência relativa encontrados na tipologia de correlações obtidas para os acidentes rodoviários ocupacionais, não deixa de ser importante, mesmo de forma teórica e académica, referir possíveis causas para estes indicadores, tendo em atenção os diversos factores de risco relacionados com o acto de trabalho que também é o acto de conduzir ou de se deslocar através do sistema rodoviário.

Na base das causas destes valores de sinistralidade em trajecto, com veículos de duas rodas no sector «Indústrias transformadoras», poderão estar, essencialmente, a elevada frequência de exposição a este tipo de sinistralidade, revelada pelos elevados valores absolutos dos acidentes rodoviários ocupacionais, neste sector que, tendo em atenção esta amostra de dados, representam cerca de 38% do total de acidentes rodoviários ocupacionais, mas também os valores absolutos de acidentes em trajecto, neste sector de actividade, sobre os valores totais de acidentes em trajecto da amostra de dados e que, no caso presente, representam 47% do total dos acidentes em trajecto. A esta situação também poderá associar-se o facto dos veículos de duas rodas (velocípedes, ciclomotores e motociclos) continuarem a ter um peso importante como meio de transporte dos trabalhadores para os seus locais de trabalho, no sector «Indústrias transformadoras». Este facto poderá dever-se a várias causas, nomeadamente:

- A deslocalização das empresas para parques industriais que, na maioria das situações, ficam distantes dos aglomerados habitacionais da população trabalhadora;
- A fraca ou inexistente rede de transportes públicos entre os parques industriais ou zonas de localização das empresas, e as áreas residenciais da população trabalhadora;
- Os veículos de duas rodas são meios de deslocação bastante económicos e, tradicionalmente, muito populares junto da população trabalhadora das indústrias transformadoras.

De acordo com os dados da ANSR, relativos ao ano de 2009, os acidentes com motociclos tiveram uma incidência de 20 acidentes por cada 1000 motociclos em circulação, valor superior, por exemplo, ao dos veículos ligeiros, com uma incidência de 8 acidentes por 1000 veículos em circulação [57]. Estes valores relativos demonstram, também, a vulnerabilidade dos condutores desses veículos ao risco de acidente, nomeadamente em trajecto, se aos factores de risco de acidente em situação de deslocação normal, se associarem outros factores de risco inerentes ao trabalho, como sejam:

- A ansiedade e o stress determinados pelos horários de entrada nos locais de trabalho, mas também pelas dificuldades devidas aos impedimentos nos fluxos do trânsito, principalmente nas «horas de ponta»;
- A ansiedade e o stress determinada pelos horários de saída dos locais de trabalho, e as necessidades relacionadas com os compromissos pós

horário de trabalho, conjugadas com as dificuldades devidas aos impedimentos nos fluxos de trânsito, principalmente nas «horas de ponta»;
- A secundarização dada à deslocação em veículo de duas rodas para o local de trabalho, veículo considerado como complementar e que poderá comprometer o cumprimento das mais elementares regras de segurança do «Código da Estrada» no acto de condução, mas que também pode comprometer outras questões em termos de segurança, como a manutenção do veículo e a utilização adequada de alguns elementos de protecção, como o capacete de segurança;
- A fraca formação específica e a facilidade na obtenção das licenças de condução, originando um falso sentimento relativamente à capacidade de condução em segurança, nomeadamente nas situações mais exigentes em termos de tráfego;
- A fraca ou inexistente sensibilização e acção na prevenção, tanto de empregadores como de trabalhadores, face à realidade das deslocações de, e para o trabalho, deverem ser encaradas como circunstâncias do trabalho, que necessariamente obrigam ao cumprimento, por ambas as partes, das respectivas obrigações, quanto à Segurança e Saúde do Trabalho, independentemente das prescrições definidas numa lei de direito comum, que é o «Código da Estrada».

A figura 24 apresenta o gráfico dos valores de frequência relativa dos acidentes em trajecto, por tipo de veículo e por subsector de actividade das «Indústrias transformadoras», relativamente ao subsector de actividade das «Indústrias transformadoras». Esse gráfico permite visualizar os subsectores das Indústrias transformadoras que mais se evidenciam, relativamente aos acidentes em trajecto com veículos de duas rodas.

Como se pode verificar e de acordo com esses dados, os subsectores com maior incidência de acidentes em trajecto com veículos de duas rodas, são os seguintes:

- Indústrias da madeira e da cortiça e suas obras;
- Fabricação de outros produtos minerais não metálicos;
- Indústrias metalúrgicas de base e de produtos metálicos;
- Fabricação de máquinas e equipamentos, não especificadas;
- Indústrias transformadoras, não especificadas (onde se inserem actividades como, por exemplo, a fabricação de mobiliário).

ANÁLISE DE ACIDENTES RODOVIÁRIOS DE TRABALHO

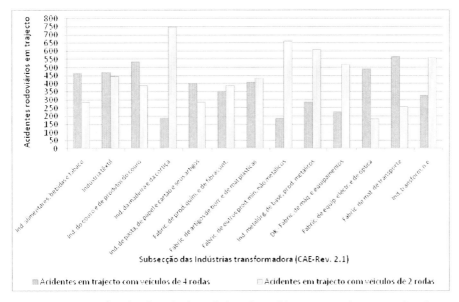

FIGURA 24 – Gráfico das frequências relativas dos acidentes em trajecto, por tipo de veículo e por subsector das «Indústrias transformadoras», em relação ao subsector das «Indústrias transformadoras» (por 1000 acidentes).

Tradicionalmente, os subsectores de actividade referidos evidenciam uma economia de subsistência pouco competitiva, com actividades pouco exigentes em termos de qualificação e, por isso mesmo, tradicionalmente mal remuneradas. Este facto evidencia a precariedade das formas de transporte, associada à utilização de veículos de duas rodas nestes sectores de actividade, aumentando a vulnerabilidade dos trabalhadores a acidentes em trajecto, tal como foi referido anteriormente.

No gráfico da figura 25, é possível observar e comparar a diferença entre os valores da frequência relativa dos acidentes em trajecto com veículos de duas rodas, no sector «Indústrias transformadoras», por parte do corpo atingida, em relação ao valor dos acidentes em trajecto com veículos de duas rodas, no sector «Indústrias transformadoras».

A partir dos dados evidenciados no gráfico da figura 25, verifica-se que a frequência relativa de acidentes em trajecto com veículos de duas rodas, no sector «Indústrias transformadoras», com cabeça atingida, é de 585,5 acidentes por 1000 acidentes em trajecto com veículos de duas rodas, no sector «Indústrias transformadoras».

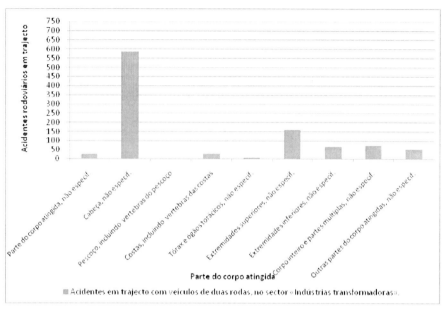

FIGURA 25 – Gráfico das frequências relativas dos acidentes em trajecto com veículos de duas rodas, no sector «Indústrias transformadoras», por parte do corpo atingida, em relação ao valor de acidentes em trajecto com veículos de duas rodas, no sector «Indústrias transformadoras» (por 1000 acidentes).

Com base nos dados considerados, conclui-se que:

✓ Os acidentes com a cabeça atingida, têm uma grande expressão nos acidentes em trajecto com veículos de duas rodas, no sector «Indústrias transformadoras», liderando com 58,6% do total de acidentes em trajecto com veículos de duas rodas, no sector «Indústrias transformadoras», valor significativo se comparado com outros tipos de partes do corpo atingidas.

Em termos globais, a correlação entre as modalidades «Industrias transformadoras» e «Acidentes em trajecto com veículos de duas rodas», com a modalidade «Cabeça, não especificado» da variável «Parte do corpo atingida», apresentou um elevado valor de frequência relativa de entre todos os resultados validados, com 10% do total de acidentes rodoviários ocupacionais da amostra de dados.

Na base das causas responsáveis pelos valores indicados, poderão estar as mesmas razões encontradas e mencionadas para os acidentes de viação com veículos de duas rodas. No entanto, a sua associação ao trabalho, mais propriamente ao trajecto de, e para o trabalho e na circunstância do sector «Indústrias Transformadoras», essas razões ainda mais se evidenciam.

O incorrecto uso dos capacetes de protecção, ou mesmo a sua não utilização, poderão ser factores determinantes para o facto de a cabeça ser a parte do corpo mais atingida nos acidentes em trajecto com veículos de duas rodas, no sector de actividade «Indústrias transformadoras». Sendo a cabeça, uma das partes do nosso corpo que é mais vulnerável na ocasião de um acidente com um veículo de duas rodas, torna-se absolutamente necessária a sua protecção eficaz. São vários os requisitos necessários a uma protecção eficaz da cabeça com um capacete. De uma forma geral, esses requisitos poderão ser enumerados da seguinte forma:

- Utilização de capacete homologado;
- Correcta utilização do capacete;
- Correcta manutenção e conservação do capacete.

Sendo os acidentes em trajecto, uma forma indirecta de acidentes de trabalho, esse facto implica o seu reconhecimento como uma forma de acidente de trabalho pelas suas características; então, será lógico pensar que a sua prevenção também deve passar pela implicação de empregadores e trabalhadores. Assim sendo, pode partir-se do pressuposto que, se tal não acontecer, a probabilidade de risco aumentará também, tal como numa qualquer outra situação quotidiana de trabalho, sem segurança. Com base neste pressuposto, se poderá evidenciar a ligação entre as causas implícitas da cabeça ser a parte do corpo mais atingida nos acidentes em trajecto com veículos de duas rodas, no sector «Indústrias transformadoras» e a falta de acções de prevenção na condução segura com veículos de duas rodas.

A sensibilização para a adequada protecção da cabeça, quando o trabalhador conduz um veículo de duas rodas, também deve passar pelo empregador, já que este é uma das partes interessadas nesta situação. O pressuposto existente de que o cumprimento do «Código da Estrada» é da única e exclusiva responsabilidade do trabalhador, nas situações de trajecto e também nas situações de missão, é completamente errado. A intervenção do empregador, nomeadamente na sensibilização dos seus trabalhadores sobre o uso do capacete de segurança e a sua adequação, nomeadamente no respeito pelos requisitos referidos anteriormente e relativos à forma eficaz de protecção da cabeça com um capacete, é muito importante como acto de prevenção, sendo também um acto obrigatório, de acordo com o que está estabelecido na legislação sobre Segurança e Saúde do Trabalho. A deslocação de, e para o trabalho, é considerada no contexto legal da Segurança e Saúde do Trabalho, como um acto necessário para a prestação de trabalho, pelo que sem trabalho não existiria a deslocação, e sem a deslocação não haveria acidente.

Os acidentes com a cabeça como parte do corpo atingida, têm uma grande expressão nos acidentes em trajecto com veículos de duas rodas, no sector «Indústrias transformadoras», essencialmente devido ao facto dos empregadores não actuarem ao nível da acção para a prevenção deste tipo de acidentes (nomeadamente com a sensibilização e com as campanhas internas de prevenção), mas também devido ao facto dos trabalhadores não cumprirem as suas obrigações legais no domínio da Segurança Rodoviária, nomeadamente, o «Código da Estrada».

5.6.2. Correlação entre os acidentes em trajecto com veículos de quatro rodas, no sector de actividade «Indústrias Transformadoras», no sexo feminino

A correlação encontrada entre os acidentes em trajecto com veículos de quatro rodas, no sector de actividade «Indústrias transformadoras», no sexo feminino, destacou-se particularmente de entre todos os resultados obtidos neste trabalho, pelo seu impacto ao nível da Segurança e Saúde do Trabalho.

Numa primeira abordagem a esta correlação e na 1ª variável, ou seja na correlação entre as modalidades «Indústrias transformadoras» e «Acidentes em trajecto com veículos de quatro rodas», observou-se uma forte correlação, traduzida numa frequência relativa de 415,4 acidentes em trajecto com veículos de quatro rodas no sector «Indústrias transformadoras», por 1000 acidentes em trajecto com veículos de quatro rodas. Na figura 23, já apresentada anteriormente no ponto 4.6.1, que representa o gráfico de comparação dos valores de frequência relativa das modalidades das variáveis «Sector de actividade onde trabalhava o acidentado» e «Tipo de ocorrência» correlacionadas, em relação às modalidades da variável «Tipo de ocorrência», pode observar-se a liderança do sector «Indústrias transformadoras», relativamente aos acidentes em trajecto com veículos de quatro rodas.

Recorrendo de novo à observação do gráfico da figura 22, apresentado anteriormente no ponto 4.6.1 e que representa os valores das frequências relativas das modalidades das variáveis «Sector de actividade onde trabalhava o acidentado» e «Tipo de ocorrência» correlacionadas, em relação às modalidades da variável «Sector de actividade onde trabalhava o acidentado», pode observar-se que a liderança no sector «Indústrias transformadoras», pertence aos acidentes em trajecto com veículos de duas rodas; no entanto, os acidentes em trajecto com veículos de quatro rodas também têm uma grande expressão, representando 40% do total de acidentes rodoviários ocupacionais no sector «Indústrias transformadoras».

Em termos globais, a correlação entre as modalidades «Indústrias transformadoras» e «Acidentes em trajecto com veículos de quatro rodas», apresentou um elevado valor de frequência relativa, de entre todos os resultados validados, com 15,3% do total de acidentes rodoviários ocupacionais da amostra de dados.

Com base nestes dados, conclui-se que:

- O sector de actividade «Indústrias transformadoras», lidera nos acidentes em trajecto com veículos de quatro rodas, em comparação com os outros sectores de actividade, representando 41,5% dos acidentes rodoviários ocupacionais neste tipo de ocorrência;
- Os acidentes em trajecto com veículos de quatro rodas, representam 40% do total de acidentes rodoviários ocupacionais no sector «Indústrias transformadoras».

Tal como referido anteriormente, não sendo objectivo essencial deste estudo, a preconização dos elementos causais dos valores de frequência relativa encontrados na tipologia de correlações obtidas para os acidentes rodoviários ocupacionais, não deixa de ser importante, mesmo de forma teórica e académica, referir possíveis causas para estes indicadores, tendo em atenção os diversos factores de risco relacionados com o acto de trabalho que também é o acto de conduzir ou de se deslocar através do sistema rodoviário.

Na base das causas destes valores de sinistralidade em trajecto, com veículos de quatro rodas no sector «Indústrias transformadoras», poderão estar, tal como nos veículos de duas rodas, a frequência de exposição a este tipo de sinistralidade por parte dos trabalhadores deste sector de actividade, revelada pelos elevados valores absolutos dos acidentes rodoviários ocupacionais, neste sector de actividade que, tendo em atenção esta amostra de dados, representam cerca de 38% do total de acidentes rodoviários ocupacionais, mas também os valores absolutos de acidentes em trajecto, neste sector de actividade, sobre os valores totais de acidentes em trajecto da amostra de dados e que, no caso presente, representam 47% do total dos acidentes em trajecto.

À situação mencionada também poderá associar-se o facto dos veículos de quatro rodas (embora sem a expressão dominante de utilização em trajecto, verificada para os veículos de duas rodas) serem também um importante meio de transporte dos trabalhadores para os seus locais de trabalho, no sector «Indústrias transformadoras». Este facto poderá dever-se, essencialmente, às mesmas causas apontadas na utilização dos veículos de duas rodas, já referidas anteriormente no ponto 4.6.1.

Como se pode verificar pelo gráfico representado na figura 24, também ele apresentado anteriormente no ponto 4.6.1 e relativo aos valores da frequência relativa dos acidentes em trajecto por tipo de veículo e por subsector das

«Indústrias Transformadoras», em relação ao subsector das «Indústrias transformadoras», os subsectores com maior incidência de acidentes em trajecto com veículos de quatro rodas, com base nos dados obtidos, são os seguintes:

- Indústrias alimentares, das bebidas e do tabaco;
- Indústria têxtil;
- Indústria do couro e dos produtos do couro;
- Indústria de pasta, de papel e cartão e seus artigos;
- Fabricação de equipamento eléctrico e de óptica;
- Fabricação de material de transporte.

No gráfico da figura 26, é possível comparar os valores de frequência relativa dos acidentes em trajecto com veículos de quatro rodas, no sector «Indústrias transformadoras», por sexo, em relação ao valor dos acidentes em trajecto com veículos de quatro rodas, no sector «Indústrias transformadoras».

De acordo com esses dados, a frequência relativa dos acidentes em trajecto com veículos de quatro rodas, no sector «Indústrias transformadoras», no sexo feminino, é de 539,4 acidentes por 1000 acidentes em trajecto com veículos de quatro rodas, no sector «Indústrias transformadoras».

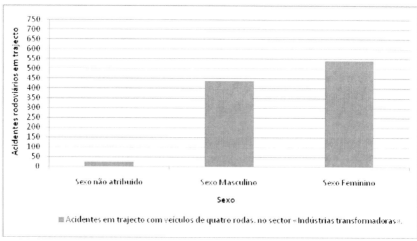

FIGURA 26 – Gráfico das frequências relativas dos acidentes em trajecto com veículos de quatro rodas, no sector «Indústrias transformadoras», por sexo, em relação ao valor de acidentes em trajecto com veículos de quatro rodas no sector «Indústrias transformadoras» (por 1000 acidentes).

Em termos globais, a correlação entre as modalidades «Indústrias transformadoras» e «Acidentes em trajecto com veículos de quatro rodas», com a modalidade «Sexo feminino», apresentou um elevado valor de frequência relativa, entre todos os resultados validados, com 8,3% do total de acidentes rodoviários ocupacionais da amostra de dados.

Com base nestes dados, conclui-se que:

- O sexo feminino lidera, com grande expressão, os acidentes em trajecto com veículos de quatro rodas, no sector «Indústrias transformadoras», comparativamente com o sexo masculino, uma vez que o valor relativo a esses acidentes é de 53,9% do total de acidentes em trajecto com veículos de quatro rodas, no sector «Indústrias transformadoras».

Na base das causas destes valores de sinistralidade em trajecto, com veículos de quatro rodas, no sector «Indústrias transformadoras» e no sexo feminino, numa primeira abordagem, poderá estar, essencialmente, a elevada frequência de exposição dos trabalhadores do sexo feminino a este tipo de sinistralidade. Estas conclusões ou constatações causam algum impacto, sobretudo devido ao fraco conhecimento sobre o estado de arte dos acidentes rodoviários ocupacionais em Portugal. Pelo senso comum, era natural pensar-se que o sexo masculino seria o principal interveniente nos acidentes em trajecto com veículos de quatro rodas, no sector «Indústrias transformadoras», partindo do princípio que a proporção de trabalhadores activos do sexo masculino, neste sector de actividade, é superior à de trabalhadores activos do sexo feminino.

Como se pode verificar pela figura 27, a proporção de activos do sexo feminino não se distanciou muito da proporção de activos do sexo masculino, relativamente ao número total de activos nas «Indústrias transformadoras». No período respeitante à base de dados que esteve na origem deste estudo (2000 a 2007), a proporção de mulheres nas «Indústrias transformadoras», variou entre os 46,6% no ano 2000, até aos 42% no ano de 2007, relativamente ao total de activos deste sector de actividade. Quanto ao sexo masculino essa proporção variou entre os 53,4% no ano 2000, até aos 58% no ano de 2007.

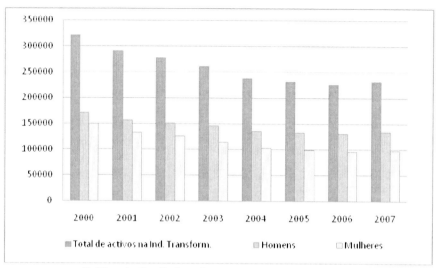

FIGURA 27 – Gráfico da distribuição das pessoas, por sexo, segundo a actividade económica (Anos 2000 a 2007). Fonte: Adaptado de «Balanços Sociais (2000 a 2002) – DEEP» [61], «Balanços Sociais (2003 a 2005) – DGEEP» [62] e «Balanços sociais (2006 e 2007) – GEP» [63].

Em determinados subsectores das «Indústrias transformadoras», a proporção de activos do sexo feminino era, neste período, superior à proporção de activos do sexo masculino, nomeadamente nos sectores da «Indústria têxtil» (figura 28), «Indústria do couro e produtos do couro» (figura 29) e «Fabrico de equipamento eléctrico e óptica» (Figura 30).

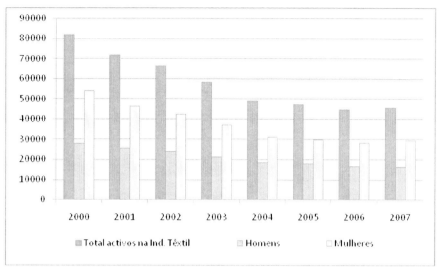

FIGURA 28 – Gráfico da distribuição das pessoas, por sexo, no subsector de actividade da «Indústria têxtil» (Anos 2000 a 2007). Fonte: Adaptado de «Balanços Sociais (2000 a 2002) – DEEP» [61], «Balanços Sociais (2003 a 2005) – DGEEP» [62] e «Balanços sociais (2006 e 2007) – GEP» [63].

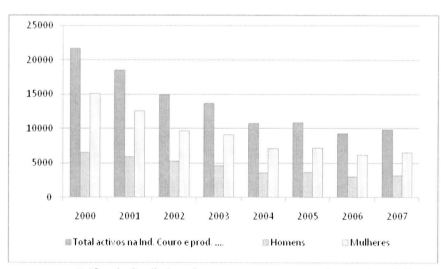

FIGURA 29 – Gráfico da distribuição das pessoas, por sexo, no subsector de actividade da «Indústria do couro e prod. do couro» (Anos 2000 a 2007). Fonte: Adaptado de «Balanços Sociais (2000 a 2002) – DEEP» [61], «Balanços Sociais (2003 a 2005) – DGEEP» [62] e «Balanços sociais (2006 e 2007) – GEP» [63].

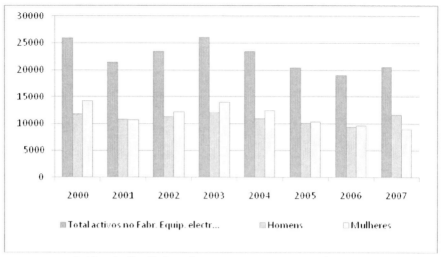

FIGURA 30 – Gráfico da distribuição das pessoas, por sexo, no subsector de actividade do «Fabrico de equip. eléctrico e óptica» (Anos 2000 a 2007). Fonte: Adaptado de «Balanços Sociais (2000 a 2002) – DEEP» [61], «Balanços Sociais (2003 a 2005) – DGEEP» [62] e «Balanços sociais (2006 e 2007) – GEP» [63].

Os dados publicados pela Organização para a Cooperação e Desenvolvimento Económico (OCDE), sobre a distribuição do emprego feminino por actividades (ISIC-Rev.3), datados do ano 2000 e publicados em 26 países, revela algumas especificidades relativas a Portugal, nomeadamente o elevado valor de emprego feminino nas Indústrias Transformadoras [64]. Esse valor resulta de uma especialização ainda muito tradicional, com forte presença das mulheres nas indústrias do calçado, do vestuário, do têxtil e da metalomecânica ligeira, onde o trabalho feminino foi incorporado devido aos salários mais baixos, induzindo a uma condição de falsa competitividade nesses sectores, pelos baixos custos da mão-de-obra.

Mas, para além da frequência de exposição de trabalhadores do sexo feminino à condução e deslocação em trajecto, neste sector de actividade, como causa de base para os valores encontrados, poderão existir outros factores, determinantes, que acentuam a prevalência dos factores de risco apontados para os acidentes em trajecto com veículos de quatro rodas, em geral; no caso do sexo feminino, podem ser os seguintes:

– A ansiedade e o stress determinados pelos horários de entrada nos locais de trabalho, mas também pelas condicionantes relacionadas com as actividades paralelas das mulheres como mães e donas de casa;

- A ansiedade e o stress determinada pelos horários de saída dos locais de trabalho, e as necessidades relacionadas com os compromissos pós horário de trabalho (relacionadas com as actividades paralelas das mulheres como mães e donas de casa), associadas às dificuldades devidas aos impedimentos nos fluxos do trânsito, principalmente nas «horas de ponta»;
- A fraca formação específica, nomeadamente em termos de condução defensiva; o desconhecimento das mais elementares regras de segurança e das prescrições do «Código da Estrada»; a forma como deve ser feita a condução, atendendo aos novos sistemas de protecção dos veículos, provavelmente menos conhecida pela mulher, são aspectos que, possivelmente, se manifestam de forma mais acentuada no sexo feminino;
- A utilização de veículos de fraca qualidade, em termos de sistemas de protecção passivos e activos, associada a uma manutenção deficiente, directamente relacionada com as políticas de salário baixo praticadas nas mulheres trabalhadoras das «Indústrias Transformadoras»;
- A fraca ou inexistente sensibilização e acção na prevenção, tanto de empregadores como de trabalhadores, particularmente no caso do sexo feminino, face à realidade de que as deslocações de, e para o trabalho, devem ser encaradas como circunstâncias do trabalho. Daqui resulta a necessária obrigatoriedade de cada um cumprir a sua parte nas particulares obrigações quanto à Segurança e Saúde do Trabalho, independentemente das prescrições definidas na lei que é o «Código da Estrada».

No caso específico do sector «Indústrias transformadoras», procurou-se encontrar os subsectores com maiores problemas, relativamente aos acidentes em trajecto com veículos de quatro rodas, no sexo feminino, através das frequências relativas dos acidentes em trajecto com veículos de quatro rodas, por subsecção das «Indústrias transformadoras» e por sexo, em relação aos acidentes em trajecto com veículos de quatro rodas, por subsecção do sector «Indústrias transformadoras».

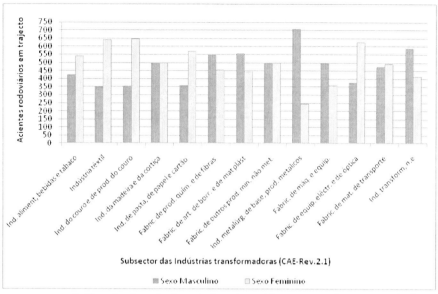

FIGURA 31 – Gráfico das frequências relativas dos acidentes em trajecto com veículos de quatro rodas, por subsecção das Indústrias transformadoras e por sexo, em relação ao valor de acidentes em trajecto com veículos de quatro rodas, por subsecção das Indústrias transformadoras (por 1000 acidentes).

Como se pode observar pelo gráfico da figura 31, os subsectores de actividade da indústria transformadora com maiores problemas são:

– Indústrias alimentares, das bebidas e do tabaco;
– Indústria têxtil;
– Indústria do couro e de produtos do couro;
– Indústria de pasta, de papel e cartão e seus artigos;
– Fabricação de equipamento eléctrico e de óptica;
– Fabricação de material de transporte.

5.6.3. Correlação entre os acidentes em trajecto com veículos de quatro rodas, no sector de actividade «Saúde e Acção Social», no sexo feminino

A correlação encontrada entre os acidentes em trajecto com veículos de quatro rodas, no sector de actividade «Saúde e acção social», no sexo feminino, merece um particular destaque, não pelo que representou em termos globais nesta amostragem (já que esta correlação apresentou apenas um valor de frequência relativa, entre todos os resultados validados, de apenas, 1,7% do total de acidentes da amostra de dados), mas sim pelo preocupante valor da sua frequência relativa, em relação ao número de acidentes em trajecto com veículos de quatro rodas, no sector de actividade «Saúde e acção social». De acordo com os dados obtidos neste estudo, esse valor ascende a 863,6 acidentes, por 1000 acidentes em trajecto com veículos de quatro rodas, no sector «Saúde e acção social», ou seja, os acidentes no sexo feminino lideram, pois representam 86,3% do total de acidentes em trajecto com veículos de quatro rodas, no sector «Saúde e acção social».

Numa primeira abordagem a esta correlação observou-se na 1ª variável, ou seja, na correlação entre as modalidades «Saúde e acção social», e «Acidentes em trajecto com veículos de quatro rodas», uma forte correlação, traduzida numa frequência relativa de 694,7 acidentes em trajecto com veículos de quatro rodas, no sector «Saúde e acção social», por 1000 acidentes no sector «Saúde e acção social».

Na figura 22, já apresentada anteriormente no ponto 4.6.1, que apresenta o gráfico de comparação dos valores da frequência relativa das modalidades das variáveis «Sector de actividade onde trabalhava o acidentado» e «Tipo de ocorrência» correlacionadas, em relação às modalidades da variável «Sector de actividade onde trabalhava o acidentado», pode observar-se a liderança dos acidentes em trajecto com veículos de quatro rodas, no sector «Saúde e acção social».

Com base nesses dados, conclui-se que:

– Os acidentes em trajecto com veículos de quatro rodas, lideram no sector da «Saúde e acção social», pois representam 69,5% do total de acidentes rodoviários ocupacionais no sector da «Saúde e acção social».

Como foi referido nos pontos anteriores, não sendo objectivo essencial deste estudo, a preconização dos elementos causais dos valores de frequência relativa encontrados na tipologia de correlações obtidas para os acidentes rodoviários ocupacionais, não deixa de ser importante, mesmo de forma teórica e académica, referir possíveis causas para estes indicadores, tendo em atenção os diversos factores de risco relacionados com o acto de trabalho que também é o acto de conduzir ou de se deslocar através do sistema rodoviário.

As principais causas dos valores encontrados para a frequência relativa dos acidentes em trajecto com veículos de quatro rodas, no sector da «Saúde e acção social», poderão estar, essencialmente, na frequência de exposição a este tipo de sinistralidade, por parte dos trabalhadores deste sector de actividade, tendo em atenção também os factores relacionados com a mobilidade dos locais de trabalho, particularmente na Acção Social, e que obrigam os trabalhadores a deslocações muito frequentes, feitas directamente de casa para os locais onde têm que desempenhar as suas funções, locais esses que podem diferir diariamente. O mesmo se poderá passar no regresso a casa a partir desses locais. Outro factor determinante prende-se com os tempos gastos e com as distâncias percorridas, nas deslocações e trajectos muito variáveis, nesta actividade da Acção Social. No sector da Saúde, um factor determinante para a frequência de exposição a este tipo de sinistralidade, poderá estar na necessidade de deslocação ao local de trabalho, em situações de emergência, bem como as deslocações resultantes das actividades da prática clínica de ambulatório e de enfermagem, em que o local de trabalho poderá implicar uma determinada mobilidade e diferir diariamente.

Os factores referidos anteriormente poderão estar na base da causalidade dos acidentes em trajecto. No entanto, e tal como foi referido nos pontos anteriores para os casos dos acidentes em trajecto com veículos de duas rodas e de quatro rodas, respectivamente, do sector «Indústrias transformadoras», outros factores de risco devem ser associados a estas situações, já que estes poderão estar na origem dos acidentes. Para além dos factores de risco referidos nas situações anteriores, deverá acrescentar-se, no caso do sector da «Saúde e acção social», a ansiedade e o stress determinados pelas necessidades de deslocação para, e de determinados locais, e as dificuldades encontradas e associadas ao desconhecimento dos percursos e naturais condicionantes.

A análise do gráfico da figura 32, permite verificar a frequência relativa dos acidentes em trajecto com veículos de quatro rodas, no sector «Saúde e acção social», por sexo, em relação ao valor de acidentes em trajecto com veículos de quatro rodas no sector «Saúde e acção social». A diferença verificada entre o sexo masculino e o sexo feminino é tão grande, que a sua visualização é imediata. Comparativamente, os valores da frequência relativa são substancialmente mais elevados no sexo feminino, para o mesmo tipo de acidentes e neste sector de actividade

Na base das causas destes valores de sinistralidade em trajecto, com veículos de quatro rodas, no sector «Saúde e Acção Social» e no sexo feminino, numa primeira abordagem, poderá estar, essencialmente, a elevada frequência de exposição dos trabalhadores do sexo feminino a este tipo de sinistralidade, tomando como principio a elevada proporção de activos do sexo feminino neste sector de actividade.

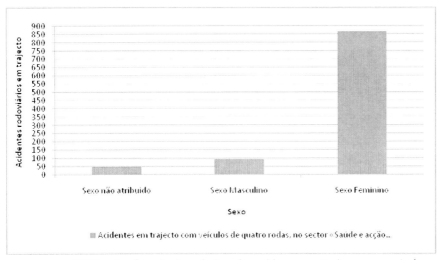

FIGURA 32 – Gráfico das frequências relativas dos acidentes em trajecto com veículos de quatro rodas, no sector «Saúde e acção social», por sexo, em relação ao valor de acidentes em trajecto com veículos de quatro rodas no sector «Saúde e acção social» (por 1000 acidentes).

Como se pode verificar pela figura 33, a proporção de activos do sexo feminino neste sector de actividade era demasiado elevada comparativamente com a proporção de activos do sexo masculino. No período respeitante à base de dados que esteve na origem deste estudo (2000 a 2007), a proporção de mulheres no sector «Saúde e Acção Social», variou entre os 79,2% no ano 2000, até aos 80,4% no ano de 2007, relativamente ao total de activos deste sector de actividade. Quanto ao sexo masculino essa proporção variou entre os 20,8% no ano 2000, até aos 19,6% no ano de 2007.

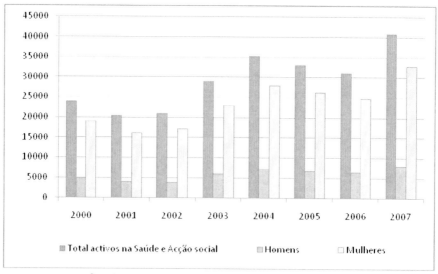

FIGURA 33 – Gráfico da distribuição das pessoas, por sexo, no sector de actividade da «Saúde e Acção Social» (Anos 2000 a 2007). Fonte: Adaptado de «Balanços Sociais (2000 a 2002) – DEEP» [61], «Balanços Sociais (2003 a 2005) – DGEEP» [62] e «Balanços sociais (2006 e 2007) – GEP» [63].

Para além da elevada frequência de exposição dos trabalhadores do sexo feminino a este tipo de sinistralidade, no sector «Saúde e acção social», como causa de base para os valores encontrados, poderão estar presentes, também, os factores de risco, apontados anteriormente no ponto 4.6.2 para os acidentes em trajecto com veículos de quatro rodas, no sexo feminino.

5.6.4. Outros resultados

Para além das correlações apresentadas anteriormente, muitas outras resultaram da análise de dados feita neste estudo. Todos os resultados validados após a análise factorial de correspondências são bem expressivos e representativos da necessidade de execução de um trabalho mais profundo e aturado, no sentido de conhecer a realidade do fenómeno que é a sinistralidade rodoviária ocupacional, e daí uma actuação integrada e concertada, porventura mais eficaz ao nível da prevenção. Os resultados anteriores foram escolhidos seguindo uma lógica de sensibilidade, face ao impacto causado em termos de Segurança e Saúde do Trabalho, tendo como base também a dimensão representativa da frequência de exposição dos trabalhadores a determinada ocorrência.

A seguir apresentam-se mais algumas correlações retiradas da vasta lista de resultados validados neste estudo.

Correlação entre os acidentes em trajecto com veículos de duas rodas e o intervalo de idades compreendido entre os 18 e os 24 anos dos intervenientes nos acidentes.

Como se pode verificar pela figura 34, os acidentes em idades compreendidas entre os 18 e os 24 anos, representam 20,6% do total de acidentes em trajecto com veículos de duas rodas, com uma frequência relativa de 205,9 acidentes, por 1000 acidentes em trajecto com veículos de duas rodas. A classe de idades compreendida entre os 25 a 34 anos de idade, lidera nos acidentes em trajecto com veículos de duas rodas em todos os tipos de ocorrência.

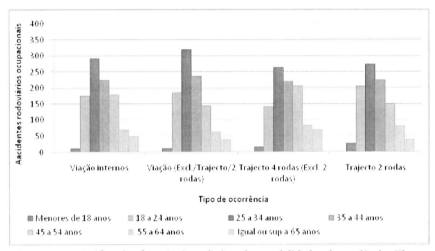

FIGURA 34 – Gráfico das frequências relativas das modalidades das variáveis «Tipo de ocorrência» e «Classes de idades» correlacionadas, em relação às modalidades da variável «Tipo de ocorrência» (por 1000 acidentes).

No entanto e como se pode verificar pela figura 35, os acidentes em trajecto com veículos de duas rodas, lideram nos acidentes em idades compreendidas entre os 18 e os 24 anos. Representam 37,3% do total de acidentes em idades compreendidas entre os 18 e os 24 anos, com uma frequência relativa de 373 acidentes, por 1000 acidentes em idades compreendidas entre os 18 e os 24 anos.

SEGURANÇA RODOVIÁRIA OCUPACIONAL

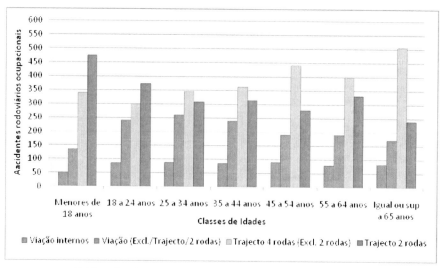

FIGURA 35 – Gráfico das frequências relativas das modalidades das variáveis «Tipo de ocorrência» e «Classes de idades» correlacionadas, em relação às modalidades da variável «Classes de idades» (por 1000 acidentes).

Em termos globais, a correlação entre as modalidades «Acidentes em trajecto com veículos de duas rodas» e «idades compreendidas entre os 18 a 24 anos», apresentou um valor de frequência relativa de cerca de 6,5% do total de acidentes rodoviários ocupacionais da amostra de dados.

Correlação entre os acidentes em trajecto com veículos de quatro rodas e o intervalo de idades compreendido entre os 45 e os 54 anos dos intervenientes nos acidentes.

Como se pode ver pela figura 34, os acidentes em idades compreendidas entre os 45 e os 54 anos, representam 20,6% do total de acidentes em trajecto com veículos de quatro rodas, com uma frequência relativa de 206 acidentes, por 1000 acidentes em trajecto com veículos de quatro rodas. A classe de idades compreendida entre os 25 a 34 anos de idade, lidera nos acidentes em trajecto com veículos de quatro rodas.

No entanto e como se pode ver pela figura 35, os acidentes em trajecto com veículos de quatro rodas, lideram nos acidentes em idades compreendidas entre os 45 a 54 anos. Representam 44,1% do total de acidentes em idades compreendidas entre os 45 a 54 anos, com uma frequência relativa de 441,3 acidentes, por 1000 acidentes em idades compreendidas entre os 45 e os 54 anos.

Em termos globais, a correlação entre as modalidades «Acidentes em trajecto com veículos de quatro rodas» e «idades compreendidas entre os 45 a 54 anos», apresentou um valor de frequência relativa de cerca de 7,6% do total de acidentes rodoviários ocupacionais da amostra de dados.

Correlação entre os acidentes em trajecto com veículos de duas rodas e a incapacidade permanente para trabalhar ou 183 ou mais dias perdidos.

Como se pode ver pela figura 36, os acidentes com incapacidade permanente para trabalhar ou 183 ou mais dias perdidos, representam 14,6% do total de acidentes em trajecto com veículos de duas rodas, com uma frequência relativa de 145,8 acidentes, por 1000 acidentes de trajecto com veículos de duas rodas. Os acidentes com 3 ou menos dias perdidos lideram nos acidentes em trajecto com veículos de duas rodas em todos os tipos de ocorrência.

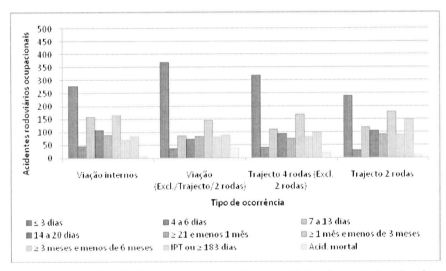

FIGURA 36 – Gráfico das frequências relativas das modalidades das variáveis «Tipo de ocorrência» e «Dias perdidos» correlacionadas, em relação às modalidades da variável «Tipo de ocorrência» (por 1000 acidentes).

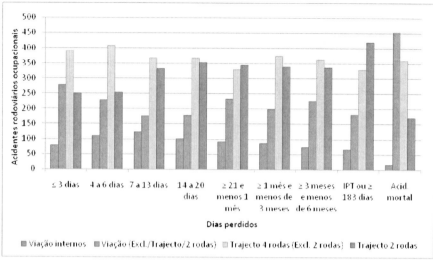

FIGURA 37 – Gráfico das frequências relativas das modalidades das variáveis «Tipo de ocorrência» e «Dias perdidos» correlacionadas, em relação às modalidades da variável «Dias perdidos» (por 1000 acidentes).

No entanto e como se pode verificar pela figura 37, os acidentes em trajecto com veículos de duas rodas, lideram nos acidentes com incapacidade permanente para trabalhar ou 183 ou mais dias perdidos. Representam 42,1% do total de acidentes com incapacidade permanente para trabalhar ou 183 ou mais dias perdidos, com uma frequência relativa de 421,5 acidentes, por 1000 acidentes com incapacidade permanente para trabalhar ou 183 ou mais dias perdidos.

Em termos globais, a correlação entre as modalidades «Acidentes em trajecto com veículos de duas rodas» e «ITP ou 183 ou mais dias perdidos», apresentou um valor de frequência relativa de cerca de 4,6% do total de acidentes rodoviários ocupacionais da amostra de dados.

Na figura 37 também se pode observar a frequência relativa dos acidentes de viação mortais (acidentes de viação ocorridos ao serviço da empresa – em missão, com veículos de quatro rodas. Excluem-se os acidentes em trajecto com veículos de quatro rodas e os acidentes com veículos de duas rodas, em trajecto e em missão), relativamente aos acidentes mortais. Os acidentes de viação lideram nos acidentes mortais. Representam 45,3% do total de acidentes mortais, com uma frequência relativa de 453,1 acidentes, por 1000 acidentes mortais.

6.
Conclusões

Partindo do objectivo geral preconizado para esta publicação, pode afirmar-se que este só será alcançado se, de alguma forma, surgirem novos trabalhos que impulsionem a necessária investigação e desenvolvimento em matéria de sinistralidade rodoviária de trabalho e a sua prevenção, em Portugal, integrando os conhecimentos alcançados na Segurança Rodoviária e na Segurança e Saúde do Trabalho. O alcance do conhecimento da realidade nacional ao nível da Segurança Rodoviária Ocupacional é prioritário, tanto do ponto de vista laboral, como do ponto de vista rodoviário e pelo conteúdo desta publicação, julgo que as dúvidas quanto a essa prioridade foram desvanecidas.

Ao longo do tempo utilizado para a concretização da tese de mestrado que deu origem a esta publicação, nomeadamente na fase exploratória de investigação sobre dados estatísticos, revisão bibliográfica e actualização sobre este assunto, em Portugal pouco se conseguiu, dada a sua inexistência. Na prática, o desenvolvimento deste estudo e as suas conclusões, no seio da Segurança e Saúde do Trabalho e da Segurança Rodoviária, tornou-se particularmente inovador no contexto documental e informativo existente no nosso país, criando alguma expectativa e responsabilidade quanto ao tratamento do tema. Concluiu-se, de forma muito prematura, da grande necessidade de se aprofundar a investigação em determinados aspectos muito específicos da Segurança Rodoviária Ocupacional, tendo sempre em vista a Segurança Rodoviária no contexto global.

Sem dúvida que é triste e decepcionante que este tema não assuma, em Portugal, a dimensão necessária nos dois campos de actuação, o da Segurança e Saúde do Trabalho e o da Segurança Rodoviária. Concluiu-se que há um grande atraso subjacente à prevenção, nos dois campos de intervenção, mas essencialmente que há um grande atraso estrutural do nosso país, na sustentabilidade e aproveitamento de sinergias que, uma vez integradas (como se prova ser o caso), provavelmente resultariam em benefícios – talvez menos acidentes na estrada, menos incapacitados, menos mortos, menos custos para o erário público, nomeadamente nos gastos supérfluos no sentido mais administrativo e primitivo da prevenção (a fiscalização punitiva é muito pouco pedagógica) e, por fim, menos problemas sociais e profissionais. Cumprir e fazer cumprir o Código da Estrada não basta, para se fazer prevenção. É muito preocupante que os Estados invistam apenas ou sobretudo na fiscalização e não se atrevam a ir mais longe, como é necessário. Mais preocupante ainda é o facto de existirem muitos agentes, associações e organismos neste país e noutros países desenvolvidos, que aplaudem esta forma de estar e de agir, como o «único remédio» face ao cidadão condutor.

No que diz respeito aos objectivos específicos, nomeadamente sobre a dimensão do problema da sinistralidade rodoviária ocupacional, comparativamente com os demais problemas de sinistralidade laboral e sobre o conhecimento das melhores práticas utilizadas em vários países, chega-se à conclusão que a condução em trabalho ainda é, nos nossos dias, uma actividade desregulada no domínio da Segurança e Saúde do Trabalho e, ao mesmo tempo, é uma actividade aparentemente invisível no domínio da prevenção da sinistralidade rodoviária. Ao longo do desenvolvimento do estudo, constataram-se algumas das razões que ilustram esse facto. Por um lado, a enfatização, na legislação, da Segurança Rodoviária e a incidência da prevenção no comportamento do condutor, face às demais regulações legais, nomeadamente da Segurança e Saúde Ocupacionais e da prevenção integrada. Por outro lado, as lacunas existentes sobre a visão integrada da prevenção da sinistralidade rodoviária e a necessidade, cada vez maior, dessa visão integrar a Segurança Rodoviária Ocupacional, ao nível global.

Hoje, é importante a tomada de consciência para a dimensão do problema que a sinistralidade rodoviária de trabalho, constitui. De acordo com o Observatório Europeu para a Segurança Rodoviária, os acidentes rodoviários de trabalho envolvendo viaturas motorizadas são, frequentemente, a principal causa de morte e o maior factor contributivo para a perda de vida nos locais de trabalho, nos países industrializados. No entanto, o conhecimento e a informação sobre a dimensão do problema, ainda não são globais. A simples deslocação para o trabalho, nos dias de hoje, pode significar um risco ocupacional. Será que existe essa consciência?

Na prática, a tese que esteve na base desta publicação centrou-se, essencialmente, na concretização do terceiro objectivo específico, estabelecido a partir de uma base de dados sobre acidentes rodoviários de trabalho e da utilização de um método factorial de análise de dados, no domínio da estatística multivariada. Pretendia-se, através de uma análise exploratória de dados, encontrar ligações válidas e consistentes entre as variáveis normalmente utilizadas para os registos dos acidentes rodoviários de trabalho, no sistema legal de reparação de acidentes. Concluiu-se que esse terceiro objectivo foi alcançado, mesmo com a inerente dificuldade de se poder comprovar, através da demonstração técnica e científica, a causalidade das correlações encontradas na análise multidimensional dos dados disponíveis e a sua projecção na realidade quotidiana, pela manifesta insuficiência de dados estatísticos, mais específicos, e o seu alcance a breve prazo. Tomando como exemplo a matriz original utilizada neste trabalho, essa insuficiência de dados foi caracterizada, pela ausência de:

- Dados sobre o tipo de veículo utilizado, nomeadamente para aferir a causalidade nos acidentes em trajecto com veículos de duas e de quatro rodas.
- Dados sobre a hora do dia em que aconteceram os acidentes, nomeadamente nos acidentes em trajecto, para aferir em que situações é que estes acidentes ocorrem (Exemplos: percurso de ida para ou de volta do trabalho, ou em outras situações contempladas no regime legal).
- Dados sobre o local onde ocorreram os acidentes, nomeadamente para classificar, de forma harmonizada, os diferentes locais e concentrar esta variável nos aspectos específicos da investigação do acidente e nos factores de risco relacionados com o estado de conformidade técnica das vias, do estado das vias, da sinalização, etc.
- Dados sobre as causas primárias dos acidentes, nomeadamente para classificar, de forma harmonizada, os vários tipos de acidentes em termos de forma (Exemplo: Choque, colisão, despiste, capotamento, queda, atropelamento, etc.), para daqui analisar as tendências em termos de frequência relativa;
- Dados sobre as competências do utilizador do veículo, nomeadamente qual o grau de formação e de experiência que possui na condução de veículos (Exemplo: anos de condução, tipos de formação específica, número de transgressões graves e muito graves, etc.).

Outros dados poderiam ser elencados nesta lista. No entanto, a dispersão de dados e a complexidade que daí poderia advir na sua análise, fruto da experiência adquirida com a base utilizada para este estudo, poderia colocar dificuldades acrescidas aquando da sua análise. Aqui fica a ideia do muito que ainda há a fazer na recolha e no tratamento estatístico de dados que constituem a fonte principal para o conhecimento da realidade da sinistralidade rodoviária ocupacional. Falta, por exemplo o mais simples dado que pode ser recolhido aquando de um acidente rodoviário: «qual o motivo da viagem?». Quando conseguirmos este dado, de forma simples e harmonizada, estaremos no bom caminho para a prevenção.

O alcance do terceiro objectivo serve como garante da validade e plena propriedade desempenhada pelo método utilizado na análise dos dados, através da AFC e dos critérios adoptados para validar os resultados das correlações entre as modalidades seleccionadas e que permitiram uma análise exploratória de dados. Assim, foi possível identificar e caracterizar não só as variáveis *per se*, como também paralelamente, se conseguiu formar uma ideia acerca dos comportamentos tendenciais dessas variáveis quando relacionadas com uma segunda ou terceira variável. Os critérios de comparação das frequências relativas, permitiram uma validação fiável e concreta das correlações encontradas na AFC, demonstrando a viabilidade e fiabilidade da utilização das duas metodologias, em sequência, no estudo dos fenómenos em apreço.

Como conclusão final e tendo em conta os resultados obtidos neste estudo, e justificando a opção por alguns desses resultados, por representarem e permitirem a formulação da tese, esteve presente a influência que a Segurança e Saúde do Trabalho pode ter na prevenção dos acidentes rodoviários, partindo dos valores e códigos de conduta que as empresas devem ter, hoje, ao nível da responsabilidade social. Assim, e devido às conclusões anteriores, torna-se evidente a necessidade da aplicação de medidas tendentes à prevenção dos riscos de acidentes de trabalho na estrada, através da viabilização dos princípios gerais de prevenção dos riscos profissionais, aplicando-os ao risco rodoviário ocupacional.

Em muitas organizações de trabalho, a segurança rodoviária não é percebida nem identificada como um aspecto a ter em conta na Segurança e Saúde do Trabalho da própria organização. Este facto pode ter como consequência, um pouco daquilo que ficou demonstrado nesta publicação.

Na perspectiva de se poder estabelecer uma cultura positiva de Segurança e Saúde do Trabalho na condução, é necessária uma forte sensibilização para os riscos e para o encorajamento dos trabalhadores em questionarem os seus comportamentos inseguros, na estrada. Todos temos atitudes e percepções diferentes dos riscos; por isso, o grande desafio colocado às empresas é, precisamente, o de moldar o comportamento daqueles que manifestam atitudes extremas, aumentando a sensibilização para os problemas. O envolvimento dos trabalhadores no desenvolvimento dos procedimentos, aumentará a confiança e a eficácia das medidas de controlo.

Do resultado global deste estudo, retira-se a conclusão óbvia de que ainda há muito a fazer, no âmbito da prevenção do risco rodoviário ocupacional. O mais importante, que é a tomada de consciência sobre a existência do problema na sua dimensão quantitativa e qualitativa, ainda não foi conseguido. É um problema na e da sociedade actual, envolto em alguma complexidade, mas de uma transversalidade sem par. Atinge pessoas de todos os estratos sociais, de todos os povos, de todas as culturas. Onde exista trabalho e mobilidade rodoviária, este risco estará presente. O condutor, cidadão, ou passageiro, transforma-se rapidamente num trabalhador de risco elevado, quando se acomoda num veículo de transporte rodoviário, no momento de encetar uma viagem no âmbito do trabalho. A fronteira entre as responsabilidades do cidadão, do condutor ou do passageiro, e do trabalhador, desvanece-se, nomeadamente a nível legal, transformando essas responsabilidades num compromisso de trabalho, irrefutável e assumido, por vezes inconscientemente (ou com algum desconhecimento). Hoje em dia, faz todo o sentido conceituar esse compromisso e considerá-lo como um compromisso de responsabilidade social. No fundo, é esse o compromisso com o risco rodoviário ocupacional na sua especificidade, e ao mesmo tempo, com o risco rodoviário global.

REFERÊNCIAS BIBLIOGRÁFICAS

[1] PEDEN, Margie et al. (2004); *World report on road traffic injury prevention*; World Health Organization, Geneva.

[2] Organização Mundial de Saúde (2009); *Informe sobre la situación mundial de la seguridad vial: es hora de pasar a la acción*; OMS, Genebra.

[3] ETSC-European Transport Safety Council (2007); *Social and Economic Consequences of road traffic injury in Europe*, Bruxelas.

[4] ETSC – European Transport Safety Council (2003); *Transport Safety Performance in the EU. A statistical overview*; Bruxelas.

[5] RACIOPPI Francesca et al. (2004); *Preventing road traffic injury: A public health perspective for Europe*; Wold Health Organization, Geneva.

[6] European Road Safety Observatory (2009); *Work-related road safety retrieved*, October 2, 2010 from www.erso.eu.

[7] JACOBS, G; AERON-THOMAS, A; ASTROP, A. (2000); *Estimating global road fatalities*; Crowthorn, Transport Research Laboratory; TRL Report, n. º 445.

[8] MONDELO, Pedro et al. (2006); *Los riesgos viales-laborales y su prevención*; Centro de Ergonomia y Prevención; Universitat Politécnica de Catalunya, Barcelona.

[9] Direcção Geral do Emprego, Relações Industriais e Assuntos Sociais (1996); *Guia para a avaliação de riscos no local de trabalho*; Comissão Europeia, Luxemburgo.

[10] HYDE, Alvin S. (1992); *Crash injuries: how and why they happen. A primer for anyone who cares about people in cars*; Hyde Associates Incorporate.

[11] ROXO, Manuel (2003); *Segurança e Saúde do Trabalho: Avaliação e Controlo de Riscos*; Almedina, Coimbra.

[12] SILVEIRA, Alberto et al. (2006); *Metalurgia e metalomecânica: Manual de prevenção*; AIMMAP/ISHST, Lisboa.

[13] HSE-Health and Safety Executive (1993); *Successful Health and Safety Management*; HSE Books, Sudbury.

[14] GOGUELIN, Pierre (1996); *La Prévention des Risques Professionnels*; Presses Universitaires de France; Que sais je? Paris.

[15] CHARBOTEL, B. et al. (2001); *Work-related road accidents in France*; European journal of epidemiology.

[16] PLAZA, Zacarias (2006); *Medidas preventivas frente al accidente de tráfico in itinere y en misión*; La Mútua – Revista Técnica de Salud Laboral e Prevención – nº 13, ano de 2006; Accidentes laborales de tráfico: entre la carretera y las condiciones de trabajo.

[17] CABRAL, Fernando; ROXO, Manuel (2008); *Segurança e Saúde do Trabalho. Legislação anotada*; Almedina, Coimbra, 5ª Edição.

[18] SILVEIRA, Alberto (2007); *"Prevenção dos acidentes de trabalho na Estrada. Perspectivas de integração na gestão do risco profissional"*; 7º Congresso Internacional de Segurança, Higiene e Saúde do Trabalho; 31 de Maio e 1 de Junho de 2007, Porto.

[19] EUROGIP (2003) ; *Accidents de mission en Europe: quelle prevention?* Livre des actes. Journée – débat; 9 Décembre 2003, Paris.

[20] PALACIOS, Júlio (2006); *El acidente de tráfego como acidente de trabajo: Análisis legal y jurisprudência*; La Mútua – Revista Técnica de Salud Laboral e Prevención – n.º 13, ano de 2006; Accidentes laborales de tráfico: entre la carretera y las condiciones de trabajo.

[21] LÓPEZ, Rafael (2006); *Trabajo y accidentes de circulación o reflexiones desde la máquina, el cuerpo y las condiciones de trabajo*; La Mútua – Revista Técnica de Salud Laboral e Prevención – n.º 13, ano de 2006; Accidentes laborales de tráfico: entre la carretera y las condiciones de trabajo.

[22] Comissão do Livro Branco dos Serviços de Prevenção (1999); *Livro Branco dos Serviços de Prevenção nas Empresas*; IDICT, Lisboa.

[23] FREITAS, Luís (2003); *Gestão da Segurança e Saúde no Trabalho – Vol. 1*; Edições Universitárias Lusófonas, Lisboa.

[24] WELANDER Glen et al. (2004); *Safety promotion – an introduction*; Karolinska Institute, Stockholm, 2nd revised edition.

[25] BARRETO, António; PONTES, Joana (2007); *03 – Mudar de vida – o fim da sociedade rural: Portugal um retrato social*; Público – Comunicação social/RTP.

[26] European Social Statistics (2002); *Accidents at work and work-related health problems, 1994-2000*; European Commission, Gruels

[27] SYMMONS Mark; HAWORTH, Narelle (2005); *Safety attitudes and behaviours in work-related driving. Stage 1: Analysis of Crash data*; Accident Research Centre; Monash University, Victoria.

[28] CLARKE, David et al. (2005); *An In-depth Study of Work-related Road Traffic Accidents*; Road Safety Research Report N.º 58; Department for Transport, London.

[29] MARIE, J.L (2004); *Introduction au Symposium – Prévenir le risqué routier encouru par les salaries: pas seulement un problem d'aptitude*; Congrès de Medicine et Santé au Travail; 09 Juin, 2004, Bordeaux.

[30] MURRAY, Will (2007); *Worldwide Occupational Road Safety (WORS). Review project*; Department of Health and Human Services; National Institute for Occupational Safety and Health (NIOSH).

[31] DYKES, Richard (2001); *Reducing at-work road traffic incidents. Report to Government and the Health and Safety Commission*; The Work-related Road Safety Task Group; Health and Safety Commission.

[32] Gabinete de Estratégia e Planeamento (2008); *Acidentes de Trabalho 2006*; Ministério do Trabalho e da Solidariedade Social.

[33] Gabinete de Estratégia e Planeamento (2010); *Acidentes de Trabalho 2007*; Ministério do Trabalho e da Solidariedade Social.

[34] EUROGIP (2009); *Le risque routier encouru par les salariés en Europe: Actualization du rapport Eurogip-05/F publié en 2003*; Eurogip, Paris.

[35] Road Safety Council (2003); *Road Safety in the workplace. A road safety manual for all employers. Seven steps to safer use of company cars and light vehicles*; Government of Western Australia; Office Road Safety-Transport, Perth.

[36] Road Safety Council (2001); *Road Safety in the Workplace for Company Cars and Light Vehicles*; Government of Western Australia; Office Road Safety-Transport, Perth.

[37] Roads and Traffic Authority (2000); *Road Safety 2010 – A Framework for Saving 2000 Lives by the Year 2010 in New South Wales*; Road Safety and Traffic Management Directorate; New South Wales Government, Sydney.

[38] RTA – Road Traffic Authority (2010); *Safer work driving*; Visualizada em 29/10/2010; http://www.rta.nsw.gov.au/roadsafety/saferworkdriving/index.html.

[39] HAWORTH, Narelle et al. (2000); *Review of Best Practice Road Safety Initiatives in the Corporate and/or Business Environment*; Report n.º 166; Accident Research Centre; Monash University, Victoria.

[40] SSROC – Southern Sydney Regional Organisation of Councils (1999); *Improving Driver and Vehicle Safety – Fleetsafe policy and guidelines for local government in the Southern Sydney Region*; SSROC.

[41] Observatório Nacional de Seguridad Vial (2007); *Las principales cifras de la Siniestralidad Vial. España 2006*; Dirección General de Tráfico; Ministério del Interior.

[42] CDC – Center for Disease Control and Prevention (2004); *Work-Related Roadway Crashes-United States, 1992—2002*; Visualizada em 29/10/2010; http://www.cdc.gov/mmwr/preview/mmwrhtml/mm5312a3.htm#tab1.

[43] PRATT, Stephanie et al. (2003); *Work-Related Roadway Crashes. Challenges and Opportunities for Prevention*; Department of Health and Human Services; National Institute for Occupational Safety and Health (NIOSH), Cincinnati.

[44] NIOSH (1998); *NIOSH Alert: Preventing worker Injuries and Deaths from Traffic Related Motor Vehicle Crashes*; Visualizada em 29/10/2010; http://www.cdc.gov/niosh/motralrt.html.

[45] Comité de pilotage pour la prévention du risque routier professionnel (2007) ; *Livre Blanc. 12 propositions pour un véhicule utilitaire plus sure*; Comité de pilotage pour la prévention du risque routier professionnel, Paris.

[46] LEFEBVRE, Michèle; SESE, Bertrand (2001); *Risque routier encouru par les salariés.* *Comprendre pour agir – Guide d'évaluation*; ED 877; Prévenir le risque routier encouru par les salariés; INRS, Paris.

[47] PSRE – Promotion et Suivi de la Sécurité Routière en Entreprise (2007); *CNAMTS – Statistiques des Accidents de Trajet et de Mission* ; Visualizada em 29/10/2010; http://www.asso-psre.com/pdf/RRP_SINISTRALITE_ROUTIERE_2006.pdf.

[48] Risque Routier Professionnelle (2007); Visualizada em 29/10/2010; http://www.risqueroutierprofessionnel.fr.

[49] Comité de pilotage pour la prévention du risque routier professionnel (2006); *Programme d'action 2006-2009*; Comité de pilotage pour la prévention du risque routier professionnel, Paris.

[50] CAT/MP (2003); *Prévention du risque routier au travail. Texte adopté le 5 Novembre 2003*; CNAMTS/DRP.

[51] CAT/MP (2004); *Prévenir les accidents routiers de trajet. Texte adopté le 28 Janvier 2004*; CNAMTS/DRP.

[52] ROSPA – Royal Occupational Society for the Prevention of Accidents; *MORR – Managing Occupational Road Risk: An International Comparisons Review*; Visualizada em 29/10/2010; http://www.rospa.com/drivertraining/morr/background/international/uk.aspx.

[53] Department for Transport (2004); *Safety Culture and Work-Related Road Accidents*; Road Safety Research Report N.º 51; Department for Transport, Londres.

[54] HSE – Health and Safety Executive (2003); *Driving at Work: managing work-related road safety*; HSE/Department of Transport, Londres.

[55] HSC/DTLR (2001); *Reducing at-work road traffic incidents*; HSE.

[56] ROSPA – Royal Occupational Society for the Prevention of Accidents (2006); *Prioritising Work Related Road Safety. Twenty*

four arguments for increased action by the Health and Safety Commission and Executive; ROSPA.

[57] Observatório de Segurança Rodoviária (2010); *Ano de 2009: Sinistralidade Rodoviária*; Autoridade Nacional de Segurança Rodoviária.

[58] EUROSTAT (2001); *Estatísticas Europeias de Acidentes de Trabalho (EEAT). Metodologia*; Edição de 2001; Comissão Europeia.

[59] PEREIRA, H. G. e SOUSA, A J. (1988); *Análise de Dados para Tratamento de Quadros Multidimensionais*; Centro de Valorização de Recursos Minerais, Lisboa.

[60] PEREIRA, H. G (1990); *Análise de Dados Geológico – Mineiros. Aplicações e Estudo Metodológico*; Tese de Agregação; Instituto Superior Técnico, Lisboa.

[61] DEEP – Departamento de Estudos, Estatística e Planeamento (2000 a 2002); *Balanços Sociais*; Ministério da Segurança Social e do Trabalho.

[62] DGEEP – Direcção-Geral de Estudos, Estatística e Planeamento (2003 a 2005); *Balanços Sociais*; Ministério do Trabalho e da Solidariedade Social.

[63] GEP – Gabinete de Estratégia e Planeamento (2006 a 2007); *Balanços Sociais*; Ministério do Trabalho e da Solidariedade Social.

[64] OECD – Organization for Economic Cooperation and Development (2000); *Employment in the Service Economy: a Reassessment*; Employment Outlook; OECD.

LEGISLAÇÃO CONSULTADA

Directiva 89/391/CEE, de 12 de Junho; *Aplicação de medidas destinadas a promover a melhoria da Segurança e da Saúde dos trabalhadores no trabalho.*

Lei nº 102/2009, de 10 de Setembro; *Regime jurídico da promoção da segurança e saúde no trabalho.*

Lei nº 98/2009, de 4 de Setembro; *Regime de Reparação de Acidentes de Trabalho e Doenças Profissionais, incluindo a reabilitação e reintegração profissionais.*

Decreto – Lei nº 44/2005, de 23 de Fevereiro; *Código da Estrada.*

ÍNDICE DE QUADROS

Quadro 1 – Principais causas de mortalidade; dados comparados de 2004 e 2030.	6
Quadro 2 – Estimativa global de investimentos em investigação e desenvolvimento, por temas seleccionados.	8
Quadro 3 – Algumas das principais causas de acidentes de trânsito devidas ao factor humano.	30
Quadro 4 – Matriz de Haddon.	42
Quadro 5 – Acidentes de trabalho, segundo o tipo de local. Portugal 2006	53
Quadro 6 – Acidentes de trabalho, segundo o tipo de local. Portugal 2007	53
Quadro 7 – Acidentes de trabalho, segundo o agente material associado ao desvio. Portugal 2006	54
Quadro 8 – Acidentes de trabalho, segundo o agente material associado ao desvio. Portugal 2007	55
Quadro 9 – Acidentes de Trabalho, Vítimas de Trânsito e Acidentes Rodoviários de Trabalho. Espanha (1999-2004).	65
Quadro 10 – Acidentes rodoviários de trabalho em missão, número e percentagem do trabalho habitual. Espanha.	67
Quadro 11 – Número e índice de incidência de acidentes rodoviários de trabalho mortais, por indústria. Estados Unidos (1992 – 2001).	70

ÍNDICE DE FIGURAS

Figura 1 – Gráfico da avaliação monetária oficial da morte por acidente rodoviário, em alguns países (Valor em Euros – 2002). Fonte: ETSC [3].   9

Figura 2 – Sincronização da sequência do acidente. Fonte: Roxo, Manuel [11].   23

Figura 3 – Influência dos factores que intervêm nos acidentes rodoviários. Fonte: Adaptado de La Mútua [16].   30

Figura 4 – Gráfico comparativo do n.º total de acidentes de trabalho mortais e do total de acidentes rodoviários de trabalho mortais (missão + trajecto). Alemanha 2000 a 2006. Fonte: Adaptado de EUROGIP [34].   57

Figura 5 – Gráfico comparativo do n.º de acidentes de trabalho mortais, excepto acidentes de trajecto e do n.º total de acidentes rodoviários de trabalho mortais em missão. Alemanha 2000 a 2006. Fonte: Adaptado de EUROGIP [34].   58

Figura 6 – Gráfico comparativo do n.º de acidentes de trabalho mortais de trajecto e do n.º total de acidentes rodoviários de trabalho mortais de trajecto. Alemanha 2000 a 2006. Fonte: Adaptado de EUROGIP [34].   58

Figura 7 – Gráfico do total de acidentes de trabalho e de acidentes rodoviários de trabalho. França 2000 a 2006. Fonte: Adaptado de CNAMTS [47].   74

Figura 8 – Gráfico do total de acidentes de trabalho mortais e de acidentes rodoviários de trabalho mortais. França 2000 a 2006. Fonte: Adaptado de CNAMTS [47].   75

Figura 9 – Gráfico do total de acidentes de trabalho com incapacidade permanente e de acidentes rodoviários de trabalho com incapacidade permanente. França 2000 a 2006. Fonte: Adaptado de CNAMTS [47].   76

Figura 10 – Gráfico do total de acidentes de trabalho, de acidentes de trabalho em trajecto e de acidentes rodoviários de trabalho em trajecto. França 2000 a 2006. Fonte: Adaptado de CNAMTS [47].   77

Figura 11 – Gráfico do total de acidentes de trabalho mortais e de acidentes de trabalho mortais em trajecto. França 2000 a 2006. Fonte: Adaptado de CNAMTS [47].   77

Figura 12 – Gráfico de comparação do total de acidentes de trabalho mortais, excluindo acidentes de trabalho mortais em trajecto, com o total de acidentes rodoviários de trabalho mortais em missão. França 2000 a 2006. Fonte: Adaptado de CNAMTS [47].   78

Figura 13 – Gráfico do total de acidentes rodoviários de trabalho, de acidentes rodoviários de trabalho em trajecto e de acidentes rodoviários de trabalho em missão. França 2000 a 2006. Fonte: Adaptado de CNAMTS [47].   79

Figura 14 – Gráfico da proporção dos acidentes rodoviários de trabalho mortais em trajecto e em missão, em relação ao total de acidentes rodoviários de trabalho mortais. França 2000 a 2006. Fonte: Adaptado de CNAMTS [47].   80

Figura 15 – Esquema metodológico utilizado no tratamento e análise dos dados. Fonte: Adaptado de Pereira [60].   92

Figura 16 – Gráfico das frequências relativas, em relação ao total de acidentes rodoviários ocupacionais (por 1000 acidentes), para as modalidades da variável «Sector de actividade onde trabalhava o acidentado».   96

Figura 17 – Gráfico das frequências relativas, em relação ao total de acidentes rodoviários ocupacionais (por 1000 acidentes), para as modalidades da variável «Tipo de ocorrência».   97

Figura 18 – Gráfico das frequências relativas, em relação ao total de acidentes rodoviários ocupacionais (por 1000 acidentes), para as modalidades da variável «Classes de idades».   98

Figura 19 – Gráfico das frequências relativas, em relação ao total de acidentes rodoviários ocupacionais (por 1000 acidentes), para as modalidades da variável «Parte do corpo atingida».   98

Figura 20 – Matriz de partida para a Análise de Dados (AFC).   100

Figura 21 – Excerto da sequência utilizada no Plano Geral dos Ensaios, destinado a explorar os dados iniciais, em termos de Análise Factorial de Correspondências (AFC).   103

Figura 22 – Gráfico das frequências relativas das modalidades das variáveis «Sector de actividade onde trabalhava o acidentado» e «Tipo de ocorrência» correlacionadas, em relação às modalidades da variável «Sector de actividade onde trabalhava o acidentado» (por 1000 acidentes).   107

Figura 23 – Gráfico das frequências relativas das modalidades das variáveis «Sector de actividade onde trabalhava o acidentado» e «Tipo de ocorrência» correlacionadas, em relação às modalidades da variável «Tipo de ocorrência» (por 1000 acidentes).   108

Figura 24 – Gráfico das frequências relativas dos acidentes em trajecto, por tipo de veículo e por subsector das «Indústrias transformadoras», em relação ao subsector das «Indústrias transformadoras» (por 1000 acidentes).   111

Figura 25 – Gráfico das frequências relativas dos acidentes em trajecto com veículos de duas rodas, no sector «Indústrias transformadoras», por parte do corpo atingida, em relação ao valor de acidentes em trajecto com veículos de duas rodas, no sector «Indústrias transformadoras» (por 1000 acidentes).   112

ÍNDICES

Figura 26 – Gráfico das frequências relativas dos acidentes em trajecto com veículos de quatro rodas, no sector «Indústrias transformadoras», por sexo, em relação ao valor de acidentes em trajecto com veículos de quatro rodas no sector «Indústrias transformadoras» (por 1000 acidentes). ... 116

Figura 27 – Gráfico da distribuição das pessoas, por sexo, segundo a actividade económica (Anos 2000 a 2007). Fonte: Adaptado de «Balanços Sociais (2000 a 2002) – DEEP» [61], «Balanços Sociais (2003 a 2005) – DGEEP» [62] e «Balanços sociais (2006 e 2007) – GEP» [63]. ... 118

Figura 28 – Gráfico da distribuição das pessoas, por sexo, no subsector de actividade da «Indústria têxtil» (Anos 2000 a 2007). Fonte: Adaptado de «Balanços Sociais (2000 a 2002) – DEEP» [61], «Balanços Sociais (2003 a 2005) – DGEEP» [62] e «Balanços sociais (2006 e 2007) – GEP» [63]. ... 119

Figura 29 – Gráfico da distribuição das pessoas, por sexo, no subsector de actividade da «Indústria do couro e prod. do couro» (Anos 2000 a 2007). Fonte: Adaptado de «Balanços Sociais (2000 a 2002) – DEEP» [61], «Balanços Sociais (2003 a 2005) – DGEEP» [62] e «Balanços sociais (2006 e 2007) – GEP» [63]. ... 119

Figura 30 – Gráfico da distribuição das pessoas, por sexo, no subsector de actividade do «Fabrico de equip. eléctrico e óptica» (Anos 2000 a 2007). Fonte: Adaptado de «Balanços Sociais (2000 a 2002) – DEEP» [61], «Balanços Sociais (2003 a 2005) – DGEEP» [62] e «Balanços sociais (2006 e 2007) – GEP» [63]. ... 120

Figura 31 – Gráfico das frequências relativas dos acidentes em trajecto com veículos de quatro rodas, por subsecção das Indústrias transformadoras e por sexo, em relação ao valor de acidentes em trajecto com veículos de quatro rodas, por subsecção das Indústrias transformadoras (por 1000 acidentes). ... 122

Figura 32 – Gráfico das frequências relativas dos acidentes em trajecto com veículos de quatro rodas, no sector «Saúde e acção social», por sexo, em relação ao valor de acidentes em trajecto com veículos de quatro rodas no sector «Saúde e acção social» (por 1000 acidentes). ... 125

Figura 33 – Gráfico da distribuição das pessoas, por sexo, no sector de actividade da «Saúde e Acção Social» (Anos 2000 a 2007). Fonte: Adaptado de «Balanços Sociais (2000 a 2002) – DEEP» [61], «Balanços Sociais (2003 a 2005) – DGEEP» [62] e «Balanços sociais (2006 e 2007) – GEP» [63]. ... 126

Figura 34 – Gráfico das frequências relativas das modalidades das variáveis «Tipo de ocorrência» e «Classes de idades» correlacionadas, em relação às modalidades da variável «Tipo de ocorrência» (por 1000 acidentes). ... 127

Figura 35 – Gráfico das frequências relativas das modalidades das variáveis «Tipo de ocorrência» e «Classes de idades» correlacionadas, em relação às modalidades da variável «Classes de idades» (por 1000 acidentes). ... 128

Figura 36 – Gráfico das frequências relativas das modalidades das variáveis «Tipo de ocorrência» e «Dias perdidos» correlacionadas, em relação às modalidades da variável «Tipo de ocorrência» (por 1000 acidentes).   129

Figura 37 – Gráfico das frequências relativas das modalidades das variáveis «Tipo de ocorrência» e «Dias perdidos» correlacionadas, em relação às modalidades da variável «Dias perdidos» (por 1000 acidentes).   130

ÍNDICE DE CONTEÚDOS

ABREVIATURAS	v
GLOSSÁRIO DE TERMOS	vii

1. PREÂMBULO	1
2. INTRODUÇÃO	5
3. OS ACIDENTES RODOVIÁRIOS NO ÂMBITO DO TRABALHO	13
3.1. Definições e Âmbito da Sua Aplicação	15
3.1.1. Conceitos de Perigo e de Risco Profissional	17
3.1.2. Os conceitos jurídicos de Local de Trabalho e de Acidente de Trabalho	30
3.2. A Difusão do Conceito e a Sua Promoção no Âmbito da Segurança e Saúde do Trabalho.	36
4. ESTADO DE ARTE DA SEGURANÇA RODOVIÁRIA OCUPACIONAL	47
4.1. O Que se Sabe Sobre a Segurança Rodoviária Ocupacional	47
4.2. Dados Estatísticos e Estratégias de Prevenção	51
4.2.1. Portugal	52
4.2.2. Alemanha	56
4.2.3. Austrália	60
4.2.4. Espanha	64
4.2.5. Estados Unidos	68
4.2.6. França	73
4.2.7. Reino Unido	83
5. ANÁLISE DE ACIDENTES RODOVIÁRIOS DE TRABALHO	87
5.1. Caracterização dos Dados	89
5.2. Tratamento dos Dados	92
5.2.1. Fases do tratamento dos dados	93
5.3. Análise da Frequência Relativa dos Dados Tratados	95
5.4. Metodologia Empregue na Análise Multidimensional dos Dados	99
5.4.1. Introdução	99
5.4.2. Análise factorial das correspondências (AFC)	99
5.4.3. Critérios de interpretação dos planos factoriais	101
5.4.4. Plano geral dos ensaios para a AFC	101
5.5. Análise Multidimensional dos Dados	103
5.5.1. Descrição do processo de trabalho exploratório na AFC	103
5.5.2. Avaliação dos resultados – Critério para a validação das correlações	104

5.6. Resultados Mais Relevantes ... 105
    5.6.1. Correlação entre os acidentes em trajecto com veículos de duas rodas, no sector de actividade «Indústrias Transformadoras», com a cabeça como parte do corpo atingida ... 106
    5.6.2. Correlação entre os acidentes em trajecto com veículos de quatro rodas, no sector de actividade «Indústrias Transformadoras», no sexo feminino ... 114
    5.6.3. Correlação entre os acidentes em trajecto com veículos de quatro rodas, no sector de actividade «Saúde e Acção Social», no sexo feminino ... 122
    5.6.4. Outros resultados. ... 126

6. CONCLUSÕES ... 131

REFERÊNCIAS BIBLIOGRÁFICAS ... 137

INDICE DE QUADROS ... 141

INDICE DE FIGURAS ... 143

INDICE DE CONTEUDOS ... 147